**HERMANN
VON DAAGEN**

BWL kompakt

Basiswissen der Betriebswirtschaftslehre

1. AUFLAGE

ISBN: 978-14996-084-7-2

© 2014 **Herstellung und Verlag:**

CreateSpace

4900 LaCross Road
North Charleston, SC 29406
USA

INHALTSVERZEICHNIS

Grundlagen des Wirtschaftens

Da wirtschaftliche Güter nur begrenzt zur Verfügung stehen und deren Bereitstellung Kosten verursacht, zum Anderen die Bedürfnisse zum Teil höher sind als die zur Verfügung stehenden Güter, muss der Mensch sparsam und planvoll mit ihnen umgehen, wenn er ein Höchstmaß an Bedürfnisbefriedigung erreichen will. Dieses handeln nennt man wirtschaften.

Ökonomische Prinzipien

Das ökonomische Prinzip sollte auch die Grundlage auch für die effiziente Gestaltung des Leistungserstellungsprozesses im Unternehmen bilden.

Es tritt in verschiedenen Formen auf:

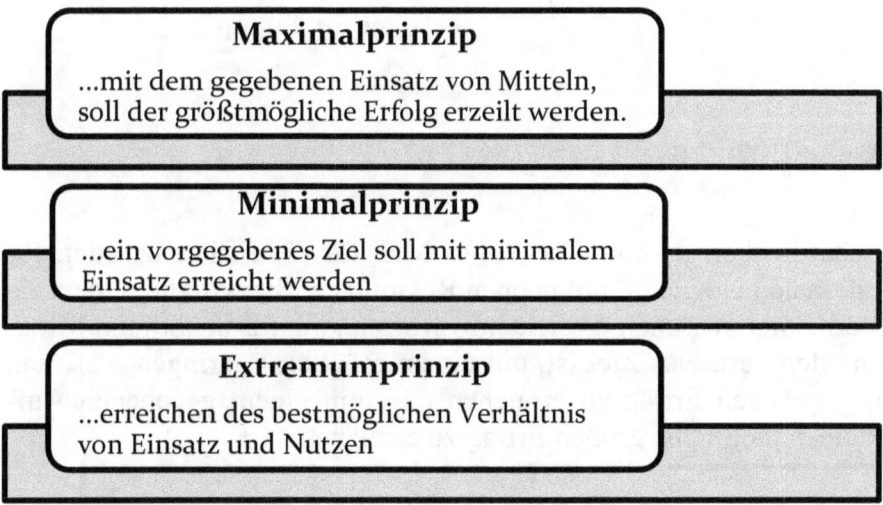

Maximalprinzip
...mit dem gegebenen Einsatz von Mitteln, soll der größtmögliche Erfolg erzielt werden.

Minimalprinzip
...ein vorgegebenes Ziel soll mit minimalem Einsatz erreicht werden

Extremumprinzip
...erreichen des bestmöglichen Verhältnis von Einsatz und Nutzen

Produktivität

Die mengenmäßige Ergiebigkeit in Kombination betrieblicher Faktoren wird als Produktivität bezeichnet.

Allgemeine Berechnungsformel:

$$Produktivität = \frac{Ausbringungsmenge}{Faktoreinsatzmenge}$$

Produktivitätsarten:

$$Arbeitsproduktivität = \frac{Ausbringungsmenge}{Arbeitsstunden}$$

$$Maschinenproduktivität = \frac{Stückzahl}{Maschinenstunde}$$

$$Flächenproduktivität = \frac{Ausbringungsmenge}{Fläche\ in\ m^2}$$

Wirtschaftlichkeit

Wirtschaftlichkeit ist ein allgemeines Maß für die Effizienz, oder. für den rationalen Umgang mit knappen Ressourcen. Sie wird allgemein als das Verhältnis zwischen erreichtem Erfolg und dafür benötigten Mitteleinsatz definiert. Das Ziel ist, mit einem möglichst geringen Aufwand einen gegebenen Ertrag zu erreichen oder mit einem gegebenen Aufwand einen möglichst großen Ertrag zu erreichen.

$$Wirtschaftlichkeit = \frac{Leistungen}{Kosten}$$

oder

$$Wirtschaftlichkeit = \frac{Erträge}{Aufwendungen}$$

Im Verhältnis des Ist- und Sollvergleichs wird auch folgende Formel angewandt:

$$Wirtschaftlichkeit = \frac{\text{Sollkosten}}{\text{Istkosten}}$$

Wertschöpfung

Unter Wertschöpfung wird die Differenz zwischen den von einem Unternehmen abgegebenen Leistungen und den von dem Unternehmen getragenen Vorleistungen verstanden.

$$Betriebsbezogene\ Wertsch\ddot{o}pfung - \frac{\text{Wertschöpfung}}{\text{Betriebsergebnis}} \text{x100}$$

Gesamtkostenverfahren

Das Gesamtkostenverfahren ist eine (Produktions-) Erfolgsrechnung.

Dies bedeutet, dass zur Abgrenzung der Erträge und Aufwendungen die produzierten Mengeneinheiten herangezogen werden.

Die Erträge und Aufwendungen werden jeweils bezogen auf die in der abgelaufenen Periode produzierten Mengeneinheiten ausgewiesen. Erhöhungen des Bestands an fertigen und unfertigen Erzeugnissen auch selbst erstellte Sachanlagen werden als Erträge erfasst.

Die zugehörigen Aufwendungen sind über die produzierten Mengeneinheiten erfasst. Bestandsminderungen werden von den Umsatzerlösen abgezogen.

Der betriebsbezogene Aufwand wird nach den verschiedenen Aufwandsarten untergliedert.

1.Umsatzerlöse

+/- 2. Erhöhung oder Verminderung des Bestands an fertigen und unfertigen Erzeugnissen

+ 3. andere aktivierte Eigenleistungen

+ 4. sonstige betriebliche Erträge

= **Gesamtleistung**

- 5. Materialaufwand

- 6. Personalaufwand

- 7. Abschreibungen

- 8. sonstige betriebliche Aufwendungen

= **Betriebsergebnis**

+ 9. Erträge aus Beteiligungen

+ 10. Erträge aus anderen Wertpapieren und Ausleihungen des Finanzanlagevermögens

+ 11. sonstige Zinsen und ähnliche Erträge

- 12. Abschreibungen auf Finanzanlagen und auf Wertpapiere des
Umlaufvermögens

- 13. Zinsen und ähnliche Aufwendungen

= **14. Ergebnis der gewöhnlichen Geschäftstätigkeit**

+ 15. außerordentliche Erträge

- 16. außerordentliche Aufwendungen

= **17. außerordentliches Ergebnis**

+/- 18. Steuern vom Einkommen und vom Ertrag

+/- 19. sonstige Steuern

= **20. Jahresüberschuss/Jahresfehlbetrag**

Umsatzkostenverfahren

Das Umsatzkostenverfahren ist eine Umsatzerfolgsrechnung. Das heißt, dass zur Abgrenzung der Erträge und Aufwendungen die abgesetzten Mengeneinheiten herangezogen werden.

Die Erträge und Aufwendungen werden nicht schon bei der Produktion, sondern erst beim Absatz der Erzeugnisse ausgewiesen. Erhöhungen des Bestandes an fertigen und unfertigen Erzeugnissen sowie selbst erstellte Sachanlagen werden nicht als Erträge und die dafür angefallenen Aufwendungen nicht als Aufwendungen erfasst. Verminderungen des Bestands an fertigen und unfertigen Erzeugnissen werden als Aufwendungen für abgesetzte Erzeugnisse ausgewiesen. Aufwendungen werden nicht nach Aufwandsarten (Material, Personal, Abschreibungen), sondern nach Funktionsbereichen (Herstellung, Verwaltung und Vertrieb) unterteilt.

Somit orientiert sich das Verfahren sehr stark an der Kostenstellenstruktur. Eine Kosten- und Leistungsrechnung wird vorausgesetzt.

1. Umsatzerlöse

- 2. Herstellungskosten der zur Erzielung der Umsatzerlöse erbrachten Leistungen

= **3. Bruttoergebnis vom Umsatz**

- 4. Vertriebskosten

- 5. allgemeine Verwaltungskosten

+ 6. sonstige betriebliche Erträge

- 7. sonstige betriebliche Aufwendungen

= **Betriebsergebnis**

+ 8. Erträge aus Beteiligungen

+ 9. Erträge aus anderen Wertpapieren und Ausleihungen des Finanzanlagevermögens

+ 10. sonstige Zinsen und ähnliche Erträge

- 11. Abschreibungen auf Finanzanlagen und auf Wertpapiere des Umlaufvermögens

- 12. Zinsen und ähnliche Aufwendungen

= **13. Ergebnis der gewöhnlichen Geschäftstätigkeit**

+ 14. außerordentliche Erträge

- 15. außerordentliche Aufwendungen

= **16. außerordentliches Ergebnis**

+/- 17. Steuern vom Ertrag/Einkommen

+/- 18. sonstige Steuern

= **19. Jahresüberschuss/Jahresfehlbetrag**

Rentabilität

Die Rentabilität ist eine Größe, bei der das Unternehmensergebnis in das Verhältnis zum gebundenen Kapital gesetzt wird. Die Kapital- und Vermögensrentabilität stellen in einem Unternehmen eine besondere relevante Größe dar, weil sie ein wichtiges Steuerungsinstrument für die Geschäftsbereiche sind.

$$Rentabilität = \frac{Gewinn}{Kapitaleinsatz} \; x \; 100$$

Für die Rentabilitätsberechnung kann sowohl das Durchschnittskapital, als auch das Kapital am Bilanzstichtag verwandt werden.

$$Unternehmensrentabilität = \frac{Unternehmensergebnis}{betriebsnotwendiges\ Kapital} \; x \; 100$$

Das betriebsnotwendige Kapital wird nach folgendem Schema berechnet:

	Nicht abnutzbares Anlagermögen
+	abnutzbares Anlagevermögen
=	**betriebsnotwendiges Anlagevermögen**
+	vermögensnotwendiges Umlaufvermögen
=	**betriebsnotwendiges Vermögen**
-	Abzugskapital
=	**betriebsnotwendiges Kapital**

Materialwirtschaft

Die Materialwirtschaft, auch Warenwirtschaft genannt, umfasst alle Aufgaben, die mit den Materialien, die im Unternehmen zum Einsatz kommen, in Zusammenhang gebracht werden können.

Hierzu zählen auch notwendigen Aufwendungen, die bei der Beseitigung von entstehendem Materialabfall entstehen.

Die Materialwirtschaft beginnt bei der Materialbedarfsermittlung, setzt sich weiter über die Materialbeschaffung, die Verwaltung des Materials im Unternehmen fort und endet bei der Verzeichnung des Ausgangs des fertig produzierten Gutes.

Die rechtzeitige Bereitstellung vom Material in der Produktion als auch die Erfassung der Lager Ein und Ausgänge zählen ebenfalls zur Materialwirtschaft.

In die Materialwirtschaft werden nicht nur die Hauptmaterialien wie Roh-, Hilfs- und Betriebsstoffe einbezogen, sondern auch alle Zulieferteile und Handelswaren.

Materialbedarfsanalyse

ABC-Analyse

Die ABC-Analyse ist ein Verfahren zur Einordnung einer großen Anzahl von Daten. Dabei werden diese anhand vorgegebener Kriterien, wie Umsatz, Gewinn, Einkaufspreis, Jahresverbrauch oder Produktionsbedarf in drei Klassen eingeteilt, die stellvertretend für einen hohen (A-Teile), mittleren (B-Teile) oder geringen (C-Teile) Anteil in der Materialwirtschaft stehen.

Somit ist die ABC-Analyse ein wichtiges und einfaches Hilfsmittel in der Materialwirtschaft, um sich von der IST-Situation ein Bild zu machen.

Mit ihr wird das Verhältnis zwischen Aufwand und Ertrag aufgezeigt an deren Rückschlüsse für die Zukunft gezogen werden können.

ABC-Analyse

	Wertanteil der Material- art am Gesamtwert	Mengenanteil der Materi- alart an der Gesamtmenge
A-Güter	70-80%	10-20%
B-Güter	10-20%	20-30%
C-Güter	5-10%	60-70%
Gesamtan- teil	100%	100%

Materialbedarfsermittlung

Inventurmethode

Materialbedarf = Anfangsbestand + Zugang – Endbestand

Zugangsmethode

Materialbedarf = Zugänge lt. Lieferschein

Deterministische Bedarfsermittlung

Bei der deterministischen Methode wird der Sekundärbedarf mit Hilfe von Stücklisten aus dem Primärbedarf abgeleitet. Der Primärbedarf wurde in einem Produktionsprogramm festgelegt.

Stochastische Bedarfsermittlung

Als Grundlage für die stochastische Methode dienen die Verbrauchs-
werte der Vergangenheit. Die Werte werden statistisch ausgewertet und
mit Hilfe von Prognosen für die Zukunft fortgeschrieben. Voraussetzung
für die stochastischer Methoden ist, dass genügend Informationen über
den bisherigen Verbrauch vorliegen.

Retrograde Bedarfsermittlung

Materialbedarf =

Verbrauch lt. Verbrauchsangaben x produzierte Menge

Skontraktionsmethode

Endbestand = Anfangsbestand + Zugänge – Abgänge

Ermittlung der Nettobestellmenge

	Bruttobedarf
-	Buchbestand (Lagerbestand)
-	Bestellbestand
-	Werkstattbestand
+	Auftragsbestand
=	**Nettobestellmenge**

Optimale Bestellmenge

Formel:

$$Opt.\,Bestellmenge = \sqrt{\frac{200 x Jahresbedarf x Bestellkosten}{Einstandspreis\ x\ Lagerhaltungskostensatz}}$$

Die optimale Bestellmenge bezeichnet jene Menge, bei der die Summe aus den fixen und variablen Bestell- sowie Lagerhaltungskosten in einem bestimmten Zeitraum (z.B. Geschäftsjahr) ein Minimum aufweist.

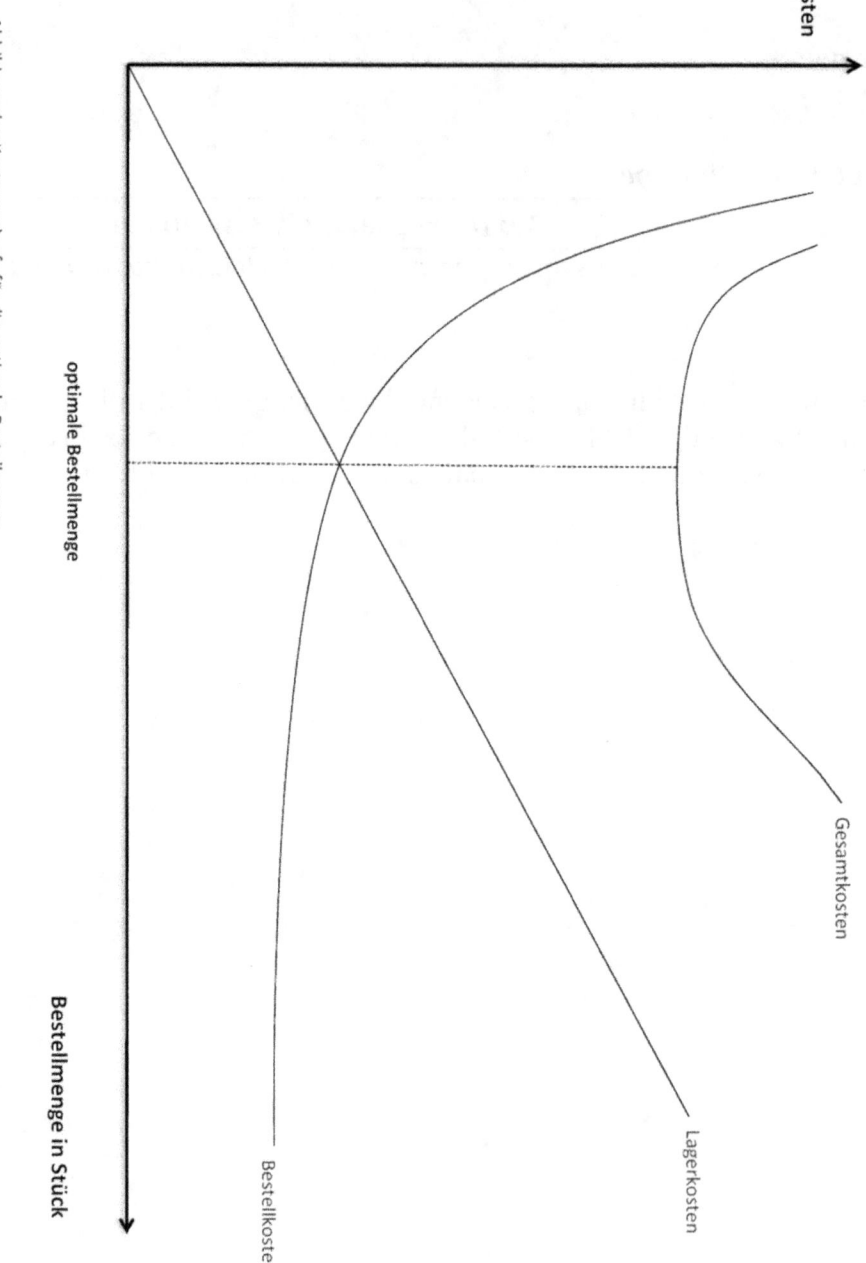

Kosten

Bestellmenge in Stück

optimale Bestellmenge

Gesamtkosten

Lagerkosten

Bestellkosten

Abbildung des Kostenverlaufs für die optimale Bestellmenge

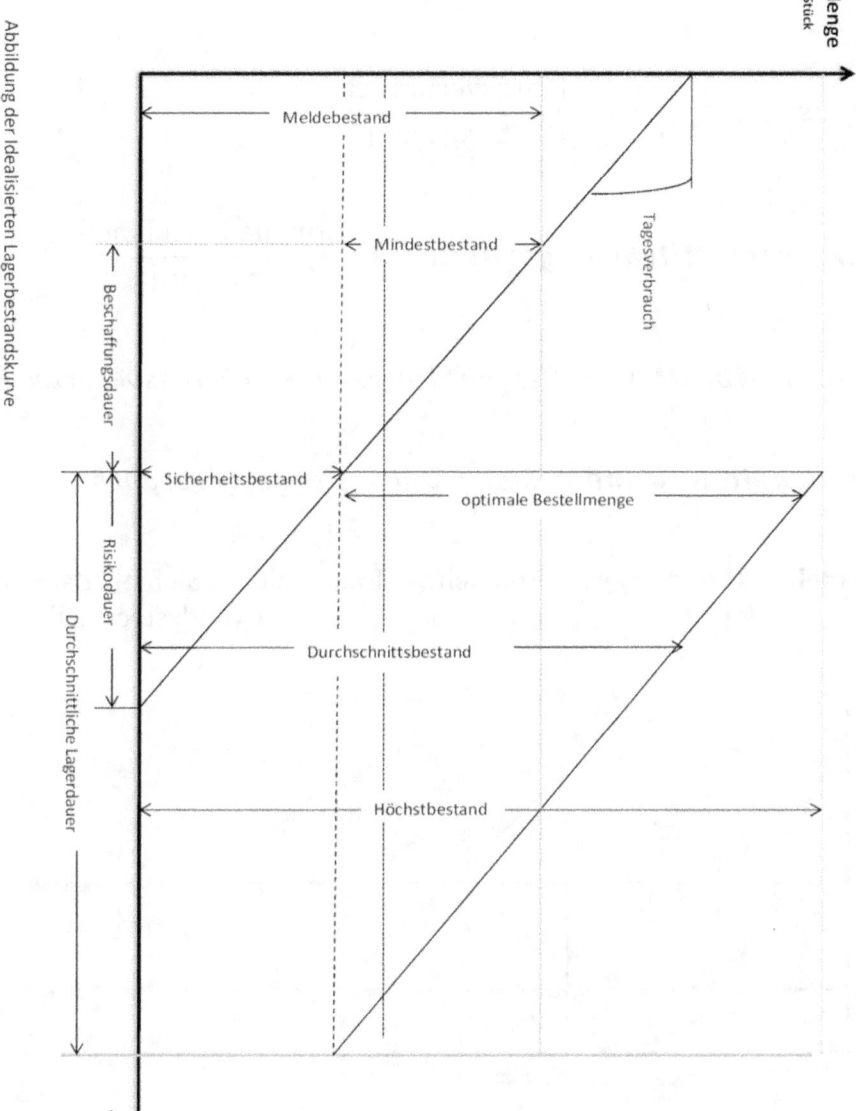

Abbildung der Idealisierten Lagerbestandskurve

Kennzahlen der Bestandsanalyse

$$Tagesverbrauch = \frac{\text{Jahresverbrauch}}{\text{Arbeitstage im Jahr}}$$

$$Durchschnittliche\ Lagerdauer = \frac{\text{optimale Bestellmeng}}{\text{Tagesverbrauch}}$$

$$Mindestbestand = Beschaffungsdauer\ x\ Tagesverbrauch$$

$$Sicherheitsbestand = Risikodauer\ x\ Tagesverbrauch$$

Meldebestand = Tagesverbrauch x Lieferzeit + Sicherheitsbestand
(Mindestbestand)

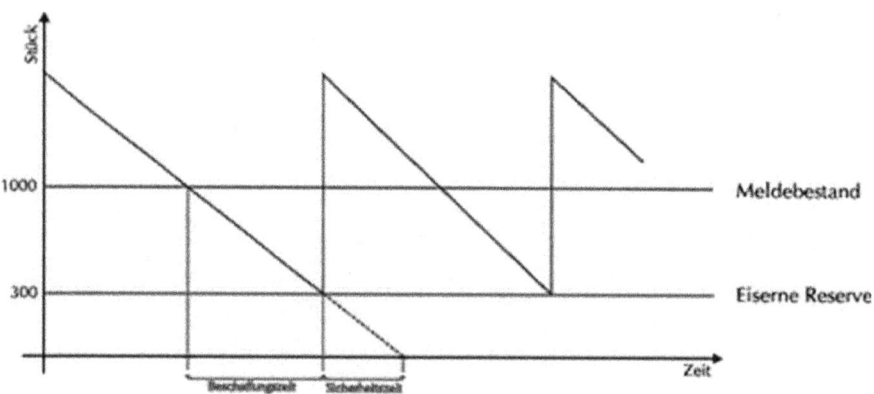

Bei Erreichung des Meldebestandes wird eine Information an den Einkauf gegeben.

Verfügbarer Bestand

Diese Kennzahl gibt den tatsächlich verfügbaren Bestand an.

Formel:

	Lagerbestand
+	disponierter Bestand
-	reservierter Bestand
-	Rückstände
=	**verfügbarer Bestand**

Bestellrhythmusverfahren

Die Bestellungen erfolgen im festgelegten Rhythmus. Dabei wird entweder in gewissen Zeitabständen eine fixe Menge bestellt oder in festgelegten Zeitabständen wird jeweils die Menge beschafft, die den Lagerbestand auf einen festgelegten Mindestbestandbestand auffüllt.

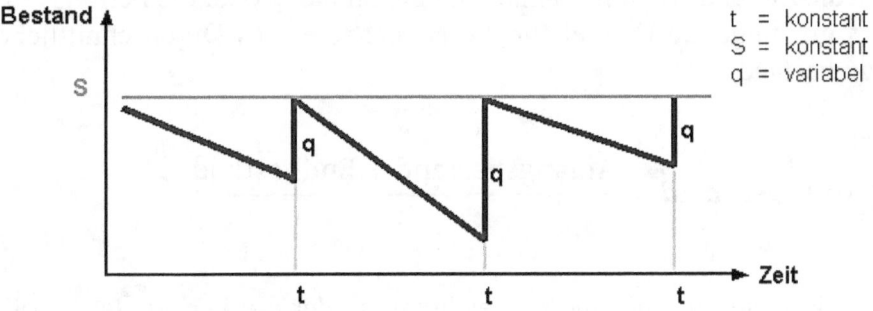

Bestellpunktverfahren

Eine Bestellung wird dann ausgelöst, wenn der Lagerbestand eine festgesetzte Höhe (z.B. Meldebestand) erreicht bzw. unterschreitet. Im Bestellpunktverfahren mit festgelegter Bestellmenge wird bei Erreichen des Bestellbestandes eine festgelegte Menge bestellt.

Im Bestellpunktverfahren mit Höchstbestand wird bei Erreichen des Bestellpunktes die Menge bestellt, die den Lagerbestand auf den festgelegten Sollbestand auffüllt. Bei beiden Verfahren ist der Bestellzeitpunkte variabel, da sie sich die Veränderung am Lagerabgang orientiert.

Lagerkennzahlen

Mit Lagerkennzahlen lassen sich messbare betriebliche Zustände, Eigenschaften und Leistungen des Lagerbereichs zusammenfassen und bewerten.

Sie dienen darüber hinaus dazu, betriebswirtschaftliche Zusammenhänge aufzuzeigen.

$$Lieferbereitschaftsgrad = \frac{\text{Anzahl ausgelieferter Mengen}}{\text{Anzahl aller nachgefragten Mengen}}$$

Sind die Zu- und Abgänge annähernd gleichmäßig oder die Periode kurz, dann gilt folgende Formel für die Berechnung des Durchschnittlichen Lagerbestands:

$$\emptyset\ Lagerbestand = \frac{\text{Anfangsbestand} + \text{Endbestand}}{2}$$

Sind die Zu- und Abgänge ungleichmäßig oder die Periode lang, sollte folgende Formel angewandt werden:

$$\emptyset\ Lagerbestand = \frac{\text{Jahresanfangsbestand} + 12\ \text{Monatsendbestände}}{13}$$

Eine weitere Formel hierfür wäre:

$$\emptyset\ Lagerbestand = \text{Sicherheitsbestand} + \frac{\text{Optimale Bestellmenge}}{2}$$

$$Lagerreichweite = \frac{\text{Ø Lagerbestand der Periode}}{\text{Verbrauch in der Periode}}$$

oder

$$Lagerreichweite = \frac{\text{Ø Lagerbestand der Periode + offene Bestllungen}}{\text{geplanter Verbrauch i. d. Periode}}$$

Die Lagerreichweite gibt Auskunft darüber, wie die interbetriebliche Versorgungssicherheit durch eigene Bestände innerhalb einer Periode gesichert ist.

Verändert sich die Reichweite des Lagerbestandes, so kann das die eigene Lieferbereitschaft beeinflussen. Bei zu niedriger Lagerreichweite führt dies zu Fehlmengenkosten, oder im Umkehrschluss bei zu hoher Lagerreichweite zu (unnötigen) Kapitalbindungs- bzw. Lagerhaltungskosten.

Die Gründe für eine negative Entwicklung der Lagerreichweite können beispielsweise in Lieferengpässen begründet sein.

$$Lagerumschlagshäufigkeit = \frac{\text{Materialeinsatz der Periode}}{\text{Ø Lagerbestand der Periode}}$$

Die Lagerumschlagshäufigkeit gibt an, wie oft sich das Material im Lager verbraucht bzw. verkauft und durch Neueinlagerung ersetzt wurde. Bei der Lagerumschlagshäufigkeit wird der Materialverbrauch mit dem Lagerbestand in Beziehung gesetzt.

Betrachtet auf den Zeitraum eines Jahres, lautet die Formel:

$$Lagerumschlagshäufigkeit = \frac{360}{\text{Ø Lagerdauer}}$$

$$Lagerdauer = \frac{\text{Ø Lagerbestand x 360 Tage}}{\text{Materialeinsatz}}$$

Oder

$$Lagerdauer = \frac{360 \text{ Tage}}{\text{Lagerumschlagshäufigkeit}}$$

$$Lagerbestand\ im\ Verh\text{ä}ltnis\ des\ Umsatzes = \frac{\text{Lagerbestand}}{\text{Umsatz}} \text{ x } 100$$

$$Lagerkapazit\text{ä}tsauslastungsgrad = \frac{\text{belegte Lagerfläche}}{\text{Gesamtlagerfläche}} \text{x} 100$$

$$Vorratsintensit\text{ä}t = \frac{\text{Vorratsvermögen}}{\text{Gesamtvermögen}} \text{ } x \text{ } 100$$

$$Lagerkostensatz = \frac{\text{Gesamtlagerkosten}}{\text{Lagerbestandswert}} \text{ x } 100$$

$$Lagerzins = \frac{\text{Ø Lagerdauer x Jahreszinssatz}}{360 \text{ Tage}}$$

Der Lagerzins gibt an, wie hoch die Kosten für das im durchschnittlichen Lagerbestand gebundene Kapital während der durchschnittlichen Lagerdauer sind.

$$Sicherheitskoeffizenz = \frac{\text{Mindest− bzw.Sicherheitsbestand}}{\text{Ø Lagerbestand}} \text{ x } 100$$

Der Sicherheitskoeffizient gibt das relative Verhältnis zwischen dem Sicherheitsbestand und dem durchschnittlichen Lagerbestand an.

$$Sicherheitsbestand = \sqrt[n]{V^2 + L^2 + M^2 + B^2}$$

V = Verbrauchsabweichung (z. B. Stück)

L = Lieferzeitabweichungen

M = Minderlieferungen

B = Bestandsabweichungen

Nach statischer Bestimmung lautet die Formel

$$\sqrt[n]{Sicherheitsfaktor \; x \; Mittlere \; absolute \; Abweichung}$$

Der Sicherheitsbestand dient dazu, nicht vorhersehbare Ereignisse, wie Verbrauchsschwankungen, Lieferzeitüberschreitungen, Fehler in der Bestandsführung, usw. auszugleichen.

$$Lagerkostensatz = \frac{Lagerkosten}{\text{Ø Lagerwert}} \; x \; 100$$

Lagerhaltungskostensatz = Lagerkostensatz + kalkulatorischer Zinssatz

Kennzahlen der Produktion

Der effiziente Einsatz von Ressourcen in der Fertigung muss heute im Mittelpunkt produzierender Unternehmen stehen. Die Kennzahlen der Produktion sind daher unerlässlich.

Optimale Losgröße

Die optimale Losgröße ideale Herstellungsmenge, bei der Kapazitäten ausgelastet, Durchlaufzeiten optimiert und Produktionskosten minimiert sind.

$$Opt. Losgröße = \sqrt{\frac{2 \times GPM \times RK}{HK \times LZS}}$$

Bei dieser Formel ist der gegenläufige Einfluss von Lager- und Rüstkosten zu berücksichtigen.

Gewinnschwellenberechnung (Break-even-Point)

Der Break Even Point (Abkürzung BEP) ist der Punkt, an dem die Erlöse und die Kosten identisch sind und somit weder Verlust noch Gewinn erwirtschaftet wird.

$$BEP = \frac{\text{Fixkosten}}{(\text{Erlöse} - \text{variable Kosten})}$$

oder

$$BEP = \frac{\text{Fixkosten}}{\text{Stückdeckungsbeitrag}}$$

Der Break-Even-Point kann zudem auch grafisch ermittelt und dargestellt werden.

Bei der graphischen Ermittlung des Gewinnschwellenpunktes geht man folgender Maßen vor:

- **1. Schritt:** Darstellung der Fixkosten
- **2. Schritt:** Darstellung der Kostenfunktion
- **3. Schritt:** Darstellung der Umsatzfunktion
- **4. Schritt:** Break Even Point bestimmen

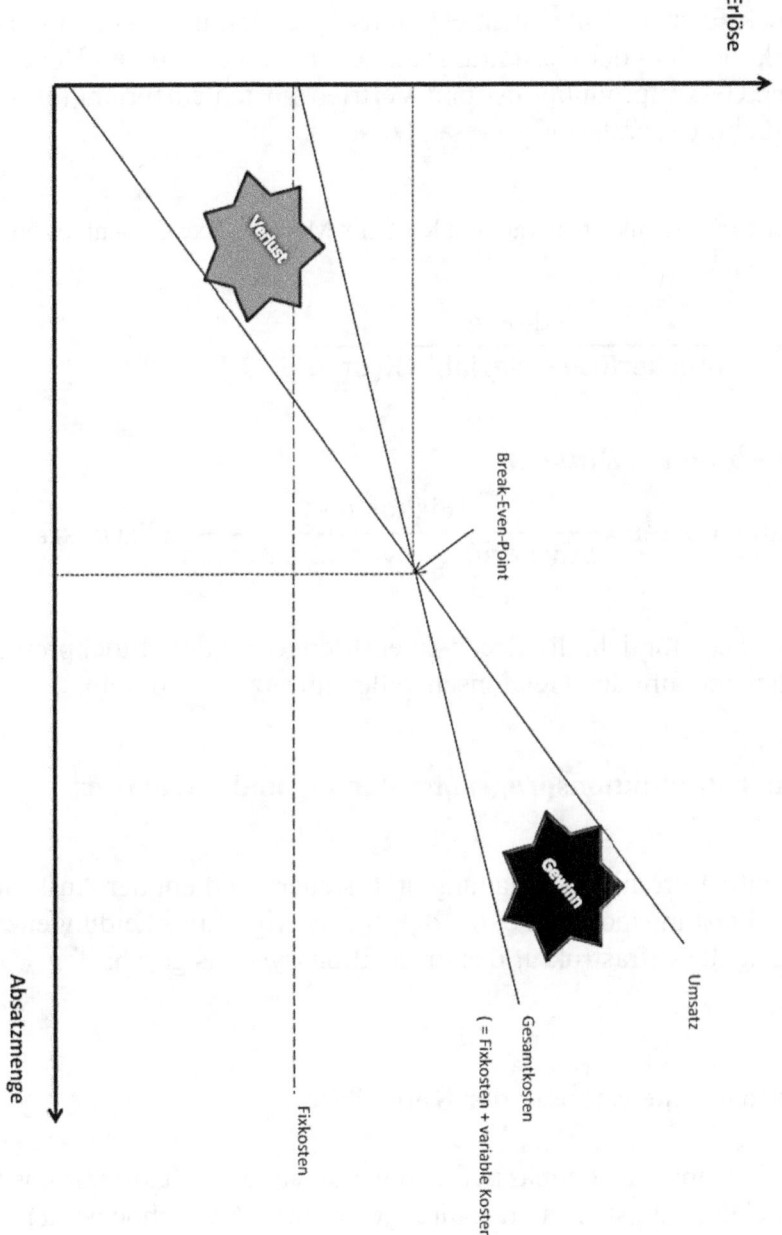

Break-Even-Umsatz

Der Break-Even-Umsatz, auch Gewinnschwellenumsatz genannt, ist der Punkt bei dem der Gesamtumsatz bei einem bestimmten Verkaufspreis den Gesamtproduktions- und Vertriebskosten entspricht (einfach ausgedrückt: Gesamterlös = Gesamtkosten).

Gesamterlös=Gesamtkosten=variable Kosten x Menge + fixe Gesamtkosten

$$Menge = \frac{\text{Fixkosten}}{\text{Stückerlöse} - \text{variable Kosten}}$$

$$Break - even - Umsatz$$

$$= \text{variable Kosten x} \frac{\text{Fixkosten}}{\text{Stückerlöse} - \text{variable Kosten}} xFixkosten$$

Ebenso ist es möglich, die Break-Even-Menge mit dem Stückpreis zu multiplizieren, um den Gewinnschwellenumsatz zu ermitteln.

Operative Produktionsprogrammplanung und –steuerung

Die operative Produktionsplanung und -steuerung dient der Ausschöpfung der Leistungspotentiale, die durch vorherige Entscheidungen zur Gestaltung der Infrastruktur des Produktionssystems geschaffen wurden.

Produktion ohne Engpass der Kapazitäten

Liegt kein Kapazitätsengpass vor, so werden alle Produkte mit positivem Stückdeckungsbeitrag mit ihren jeweiligen Absatzhöchstmengen in das Produktprogramm aufgenommen.

Stückdeckungsbeitrag = Stückerlöse – variable Kosten je Stück

Produktion mit einem Engpass der Kapazitäten

Bei einem Kapazitätsengpass ist der auf den Engpass bezogene Deckungsbeitrag das Entscheidungskriterium. An dessen die Produkte in eine Rangfolge gebracht werden.

Gemäß dieser Rangfolge werden die Produkte mit ihrer jeweiligen Absatzhöchstmenge bis zur Ausschöpfung der Engpasskapazität in das Produktionsprogramm aufgenommen.

$$\textit{Relativer Deckungsbeitrag} = \frac{\text{Stückdeckungsbeitrag}}{\text{Engpassbeanspruchung}}$$

$$\textit{Mindestbestand} = \textit{Beschaffungsdauer x Tagesverbrauch}$$

$$\textit{Sicherheitsbestand} = \textit{Risikodauer x Tagesverbrauch}$$

Kontrolle des Produktionsbereiches

Der Beschäftigungsgrad nennt man auch Kapazitätsausnutzungsgrad. Er zeigt das Verhältnis zwischen tatsächlicher Ausnutzung der Kapazität einer Produktionsanlage und der technisch maximal möglich Kapazität.

Formel:

$$\textit{Besch\"aftigungsgrad} = \frac{\text{Tatsächliche Beschäftigung}}{\text{Plan Beschäftigung}} \; x \; 100$$

Der Kapazitätsauslastungsgrad gibt Auskunft, wie viel der verfügbaren Arbeitsstunden prozentual tatsächlich genutzt werden. Zur Berechnung werden die tatsächlichen Fertigungsstunden den Kapazitätsstunden gegenübergestellt.

Formel:

$$\textit{Kapazitätsauslastungsgrad} = \frac{\text{Fertigungsstunden}}{\text{Kapazitätsstunden}} \, x \, 100$$

Die Ausschussquote gibt den prozentualen Anteil der Produktion wieder, der Ausschuss ist.

Formel:

$$\textit{Ausschussquote} = \frac{\text{Ausschussmenge}}{\text{Produktionsmenge}} \, x \, 100$$

Die Reklamationsquote gibt den prozentualen Anteil der Auslieferungsmenge wieder, der reklamiert wurde.

Formel:

$$\textit{Reklamationsquote} = \frac{\text{reklamierte Menge}}{\text{Auslieferungsmenge}} \, x \, 100$$

Die Arbeitsproduktivität zeigt das Verhältnis zwischen dem gesamtwirtschaftlichem Produktionsergebnis und Arbeitseinsatz an. Die Arbeitsproduktivität wird auch häufig mit der Produktivität gleichgesetzt.

Formel:

$$\textit{Arbeitsproduktivität} = \frac{\text{Gesamtleistung}}{\text{Produktionsmitarbeiter}} \, x \, 100$$

Die Personalkostenquote der Produktion zeigt das Verhältnis zwischen dem gesamtwirtschaftlichem Produktionsergebnis und Personalkosten der Produktion an.

Formel:

$$\textit{Personalkostenquote der Produktion}$$
$$= \frac{\text{Personalkosten der Produktion}}{\text{Gesamleistung}} \, x \, 100$$

Bei der Berechnung der Anlagenproduktivität wird die Gesamtleistung in das Verhältnis zu den betriebsnotwendigen Anlagevermögen gestellt.

Formel:

$$\textit{Anlagenproduktiv{ä}t} = \frac{\text{Gesamtleistung}}{\text{betriebsnotwendiges Anlagevermögen}} \; x \; 100$$

Marketing

Marketing ist die konsequente Ausrichtung des gesamten Unternehmens an den Bedürfnissen des Marktes.

Heute ist es unumstritten, dass auf wettbewerbsintensiven Märkten die Bedürfnisse der Nachfrager im Zentrum der Unternehmensführung stehen müssen. Marketing stellt somit eine unternehmerische Denkweise dar. Des Weiteren ist Marketing eine unternehmerische Aufgabe, zu deren wichtigsten Herausforderungen das Erkennen von Marktveränderungen und Bedürfnisverschiebungen gehört, um rechtzeitig Wettbewerbsvorteile aufzubauen.

Von großer Bedeutung sind dabei folgende Punkte:

- Das Erkennen des Marktpotentials
- Das Abschätzen des Marktvolumens
- Das realistische Einschätzen des eigenen zu erreichenden Marktanteils.

Kennzahlen des Marktes

$$\textit{S{ä}ttigungsgrad} = \frac{\text{Marktvolumen}}{\text{Marktpotential}} \; x \; 100$$

Ein niedriger Sättigungsgrad bedeutet, dass durch effektive Marketing-
maßnahmen ein höherer Absatz möglich ist.

$$\textbf{Absoluter Marktanteil} = \frac{\text{Unternehmensumsatz}}{\text{Marktvolumen}} \, x \, 100$$

$$\textbf{Relativer Marktanteil} = \frac{\text{eigener Marktanteil}}{\text{Marktanteil des Marktführers}} \, x \, 100$$

Mit dieser Formel kann die Position des eigenen Unternehmens im
gleichen Segment zum Marktführer ermittelt werden.

$$\textbf{Marktwachstum} = \frac{\text{Marktvolumen im Planungszeitraum}}{\text{Marktvolumen des Vorjahres}} \, x \, 100$$

$$\textbf{Entwicklung des Marktanteils} =$$
$$\frac{\text{Marktanteil der Periode}}{\text{Marktanteil der Vergleichsperiode}} \, x \, 100$$

Durch diese Formel können Vergleichszeiträume zu einer beliebigen
Periode (z.B. dem Vorjahr etc.) dargestellt werden.

Vertriebskennzahlen

Für eine erfolgreiche Vertriebsteuerung ist es wichtig die relevanten
Kennziffern zu kennen.

Formel:

$$\textbf{Angebotserfolg} = \frac{\text{Aufträge an das Unternehmen}}{\text{Abgegebene Angebote}} \, x \, 100$$

Diese Formel gibt an, welchen Erfolg die Angebote eines Unternehmens haben.

Formel:

$$\textbf{\textit{Auftragsentwicklung}} = \frac{\text{Auftragseingänge aktuell}}{\text{Auftragseingänge der Vergleichsperiode}} \, x \, 100$$

Durch diese Formel können Vergleiche der Auftragsentwicklung zu einer beliebigen Periode dargestellt werden.

Formel:

$$\textbf{\textit{Auftragseingangsstruktur (nach Terretorien)}} =$$
$$\frac{\text{Auftragseingang nach Verkaufsterretorien}}{\text{Gesamtauftragseingang}} \, x \, 100$$

$$\textbf{\textit{Auftragseingangsstruktur nach Produkten}} =$$
$$\frac{\text{Auftragseingang nach Produkten}}{\text{Gesamtauftragseingang}} \, x \, 100$$

$$\textbf{\textit{Auftragsbestandsstruktur nach Produkten}} =$$
$$\frac{\text{Auftragsbestand nach Produkten}}{\text{Gesamtauftragsbestand}} \, x \, 100$$

$$\textbf{\textit{Auftragsreichweite}} = \frac{\text{Auftragsbestand in Euro x 360 Tage}}{\text{Umsatz der letzen 12 Monate}} \, x \, 100$$

Diese Formel gibt die Auslastungskapazität in Tagen an.

Formel

$$\textbf{\textit{Auftragsgröße}} = \frac{\text{Umsatz}}{\text{Auftragsanzahl}} \, x \, 100$$

Mit dieser Formel wird der durchschnittliche Umsatz je Auftrag errechnet.

$$Exportquote = \frac{\text{Auslandsumsatz}}{\text{Gesamtumsatz}} \, x \, 100$$

Hiermit kann die Abhängigkeit von Exporten ermittelt werden. Durch einfache Umstellung der Formel auch die Binnennachfrage.

$$Werbeerfolg = \frac{\text{Umsatzanstieg}}{\text{Aufwendungen für Werbekampagnen}} \, x \, 100$$

Controlling im Marketing

Mit dem prozentualen Kundendeckungsbeitragsanteil soll dargestellt werden, welchen Deckungsbeitrag Kunden erbringen, nachdem alle Kosten, die eindeutig, das heißt mit Beleg nachweisbar, entstanden sind, von den Erlösen abgezogen sind.

Formel:

$$Kundendeckungsbeitragsanteil \ in \ \% =$$
$$\frac{\text{Deckungsbeitrag ABC–Kunden}}{\text{Gesamtdeckungsbeitrag}} \, x \, 100$$

Der prozentuale Sicherheitsgrad ein Indikator für die Nachhaltigkeit der Erträge.

Formel:

$$Sicherheitsgrad \ in \ \% = \frac{\text{Gewinn}}{\text{Deckungsbeitrag}} \, x \, 100$$

Die Preiselastizität der Nachfrage misst, wie sich eine Preisänderung auf die nachgefragte Menge auswirkt. Sie zeigt an, ob eine Preissenkung oder ob eine Preiserhöhung die Gesamtausgaben der Haushalte und damit den Umsatz der Unternehmen ansteigen lässt.

Formel:

$$\textbf{\textit{Preiselastizität der Nachfrage}} = \frac{\text{relative Mengenänderung}}{\text{relative Preisänderung}}$$

Die Kreuzpreiselastizität der Nachfrage gibt die Abhängigkeit der Nachfrage eines Produktes vom Preis eines anderen Produktes an.

Die Kreuzpreiselastizität zeigt also auf, in welchem Umfang sich die nachgefragte Menge eines Produktes durch die Änderung des Preises eines anderen Produktes verändert.

Formel:

$$\textbf{\textit{Kreuzpreiselastizität}} = \frac{\text{relative Mengenänderung Produkt X}}{\text{relative Preisänderung Produkt Y}}$$

Mit der Werbeelastizität gibt an, inwieweit eine Veränderung des Werbebudgets, eine Umsatzänderung zur Folge hat.

Einfach ausgedrückt: es wird damit gezeigt, inwieweit der Markt durch Werbung beeinflussbar ist.

Formel:

$$\textbf{\textit{Werbeelastizität}}$$
$$= \frac{\text{relative Umsatzveränderung Periode X zu Periode Y}}{\text{relative Werbeaufwandsveränderung Periode X zu Periode Y}}$$

Kalkulationsschemen

Die Kalkulation (hier: Vorkalkulation) dient in der Serienfertigung während der Einführungsphase neuer Produkte zur Berechnung der Herstellungskosten und des Verkaufspreises.

In diesem Abschnitt betrachten wir die zwei häufigsten Kalkulationsschemen.

Kalkulation im Handel

	Listenpreis
-	Lieferrabatt
=	**Zieleinkaufspreis**
-	Lieferer-Skonto
=	**Bareinkaufspreis**
+	Bezugskosten
=	**Bezugspreis / Einstandspreis**
+	Handlungskosten
=	**Selbstkosten**
+	Gewinn
=	**Barverkaufspreis**
+	Kundenskonto
=	**Zielverkaufspreis**
+	Kundenrabatt
=	**Nettoverkaufspreis**
+	Umsatzsteuer
=	**Bruttoverkaufspreis**

Vereinfachte Kalkulationen

Der Kalkulationszuschlag ist ein prozentualer Aufschlag auf den Einstandspreis. Er dient der Ermittlung des Bruttoverkaufspreises.

Formel:

$$\textbf{\textit{Kalkulationszuschlag}} = \frac{(\text{Bruttoverkaufspreis} - \text{Einstandspreis}) \times 100}{\text{Einstandspreis}}$$

Der Kalkulationsfaktor wird mit dem Einstandspreis multipliziert. Man ermittelt so den Bruttoverkaufspreis

Formel:

$$Kalkulationsfaktor = \frac{\text{Bruttoverkaufspreis}}{\text{Einstandspreis}}$$

Der Kalkulationsabschlag ist ein prozentualer Wert der dazu dient, vom Bruttoverkaufspreis den Einstandspreis direkt zu ermitteln.

Formel:

$$Kalkulationsabschlag = \frac{(\text{Bruttoverkaufspreis} - \text{Einstandspreis}) \times 100}{\text{Bruttoverkaufspreis}}$$

Die Handelsspanne ist ein prozentualer Abschlag vom Nettoverkaufspreis zur direkten Berechnung des Einstandspreises.

Formel:

$$Handelsspanne = \frac{(\text{Nettoverkaufspreis} - \text{Einstandspreis}) \times 100}{\text{Nettoverkaufspreis}}$$

Kalkulation in Industrie und Handwerk
(differenzierte Zuschlagskalkulation)

Die differenzierte Zuschlagskalkulation wird in Unternehmen verwendet, die vielfältige Erzeugnisse in unterschiedlichen Verfahren herstellen. Die Einzelkosten, z.B. Fertigungsmaterial und –löhne werden direkt

ermittelt und die Gemeinkosten mit Hilfe von Zuschlagssätzen einge-
rechnet.

Die Zuschlagssätze sind aus dem Betriebsabrechnungsbogen (BAB) zu
berechnen und zu entnehmen.

	Materialeinzelkosten
+	Materialgemeinkosten
=	**Materialgemeinkosten**
	Fertigungseinzelkosten
+	Fertigungsgemeinkosten
=	**Fertigungskosten**
=	**Herstellungskosten der Erzeugung**
+	Minderbestand Fertigerzeugnisse
+	Minderbestand unfertige Erzeugnisse
-	Mehrbestand Fertigerzeugnisse
-	Mehrbestand unfertige Erzeugnisse
-	andere aktivierte Eigenleistungen
=	**Herstellungskosten des Umsatzes**
+	Verwaltungsgemeinkosten
+	Vertriebsgemeinkosten
+	Sondereinzelkosten des Vertriebs
=	**Selbstkosten des Umsatzes**
+	Gewinnaufschlag
=	**Barverkaufspreis**
+	Kundenskonto
=	**Zielverkaufspreis**
+	Kundenrabatt
=	**Nettoverkaufspreis**
+	Umsatzsteuer
=	**Bruttoverkaufspreis**

Gemeinkosten-Zuschlagssätze

Materialgemeinkostenzuschlag

$$= \frac{\text{Materialgemeinkosten}}{\text{Materialeinzelkosten}} \; x \; 100\%$$

Fertigungskostenzuschlag

$$= \frac{\text{Fertigungsgemeinkosten}}{\text{Fertigungseinzelkosten}} \; x \; 100\%$$

Verwaltungsgemeinkostenzuschlag

$$= \frac{\text{Verwaltungsgemeinkosten}}{\text{Herstellkosten}} \; x \; 100\%$$

Vertriebskostenzuschlag $= \dfrac{\text{Vertriebsgemeinkosten}}{\text{Herstellkosten}} \; x \; 100\%$

Kosten- und Leistungsrechnung

Die Kosten- und Leistungsrechnung gehört zu dem Schwerpunkt der Betriebswirtschaft. Es klärt die Frage, welche Kosten anfallen und wie sie auf die Leistungen richtig und angemessen verrechnet werden. Die Kostenrechnung gibt Auskunft über den betrieblichen Werteverzehr und den betrieblichen Wertezuwachs.

Weiterhin muss sie den Werteverzehr und den Wertezuwachs mengenmäßig und wertmäßig erfassen, gliedern und analysieren. Um alle Kosten, die in einem Unternehmen anfallen, den jeweiligen Verursachern zuordnen zu können, müssen sie entsprechend verrechnet werden. Einzelkosten können direkt zugeordnet werden, dahingegen müssen Gemeinkosten über die sogenannte Kostenstellenrechnung verrechnet werden.

Begriffe der Kosten- und Leistungsrechnung

Die Kosten- und Leistungsrechnung gehört zu dem Schwerpunkt der Betriebswirtschaft und zählt zum internen Rechnungswesen.

Begriffe der Kostenrechnung

<u>Klassifizierung</u>

➢ Beschäftigungsabhängigkeit
   Fixe Kosten (Leistungsunabhängig)
   Variable Kosten (Leistungsabhängig)

➢ Bezugsgröße
   Stückkosten (je Leistungseinheit)
   Grenzkosten (je zusätzlicher Einheit)
   Zeitraumkosten (je Abrechnungseinheit)

➢ Ermittlungsmethoden
   Grundkosten
   Kalkulatorische Kosten

➢ Herkunft der Güter
   Primäre Kosten
   Sekundäre Kosten

➢ Umfangsbezogenheit
   Vollkosten
   Teilkosten
➢ Zeitraumbezogenheit

Istkosten

Plankosten

Normalkosten

➢ Zurechenbarkeit

Einzelkosten

Gemeinkosten

Darstellung der Gesamtkosten im Verhältnis zu den Fixen- und variablen Kosten:

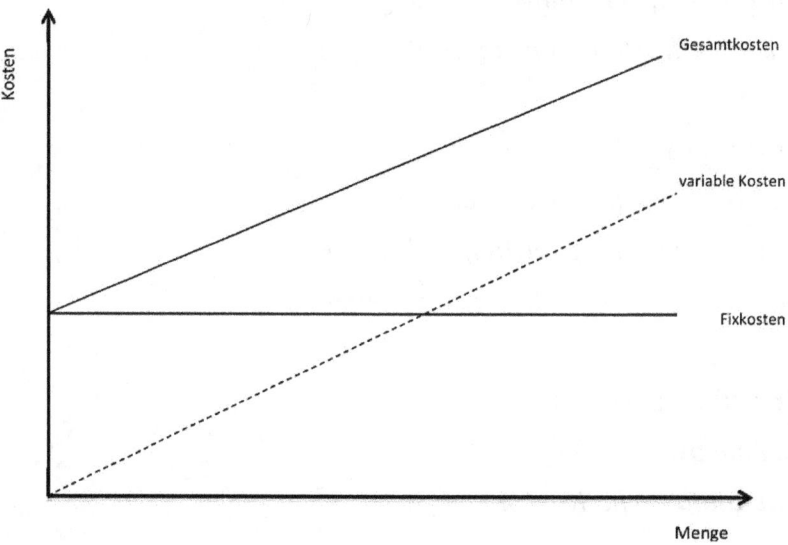

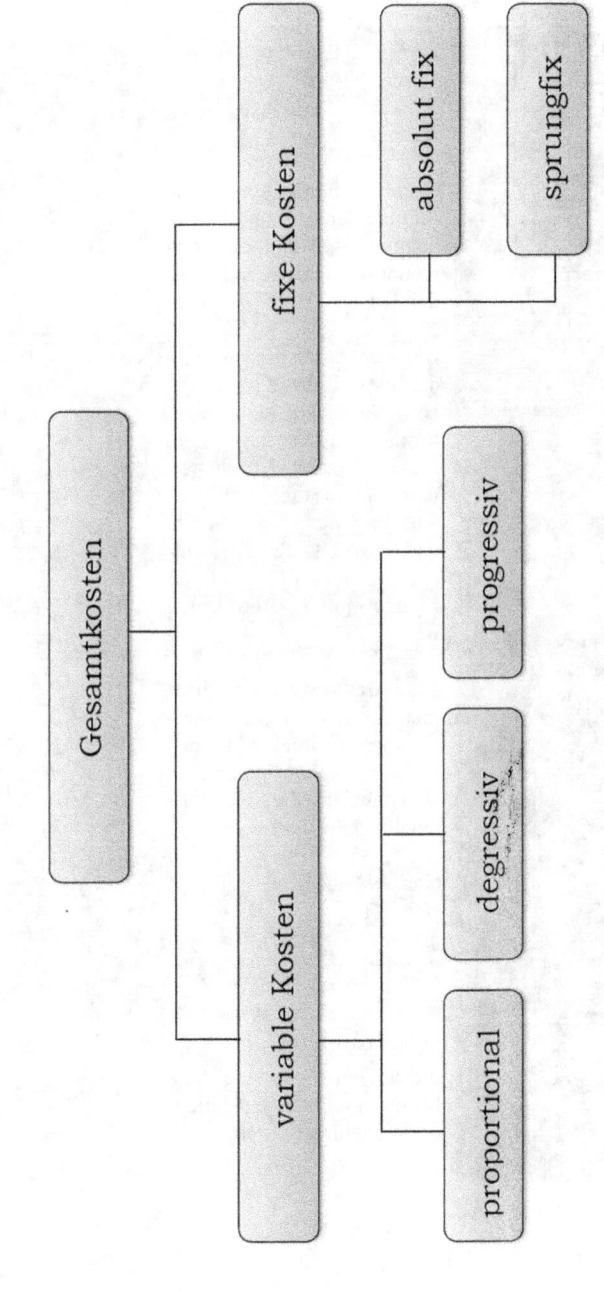

Abb. Kostenentwicklung in Abhängigkeit von der Beschäftigung

Kostenbegriffe

Fixe Kosten	Fixe Kosten sind Kosten, die nicht abhängig von der Beschäftigung sind.	K_{fix}
Fixe Stückkosten	Fixe Stückkosten ist das Verhältnis von Gesamtfixkosten zur Produktionsmenge.	$k_{fix} = \dfrac{K_{fix}}{Menge}$
Gesamtkosten	*Gesamtkosten* sind die Summe der in einem Unternehmen während der Abrechnungs-periode anfallenden Kosten.	$K = K_{fix} + K_{var}$
Grenzkosten	Bei den Grenzkosten handelt es sich um Kosten, die entstehen, wenn von einem Produkt eine bestimmte Menge mehr produziert wird. Somit kann an diesen Kosten erkannt werden, wie viel es kostet, wenn das Unternehmen eine bestimmt Menge mehr produzieren will.	$K^1 = \dfrac{dK}{dM}$ $GK = \dfrac{(K_2 - K_1)}{(M_2 - M_1)}$
Stückkosten	Als **Stückkosten** bezeichnet man die Kosten eines zurechenbaren Objekts. In den meisten Fällen handelt es sich dabei um die Selbstkosten eines Produkts.	$k = \dfrac{K}{M}$
Variable Kosten	Variable Kosten verändern sich bei Änderung der Ausbringungsmenge. Sie sind damit mengenabhängige Kosten.	$K_{var} = K - K_{fix}$
Variable Stückkosten	Variable Stückkosten sind die auf eine einzelne Ausbringungseinheit ent-fallenden variablen Kosten.	$k_{var} = \dfrac{K_{var}}{Menge}$

Kostenverläufe

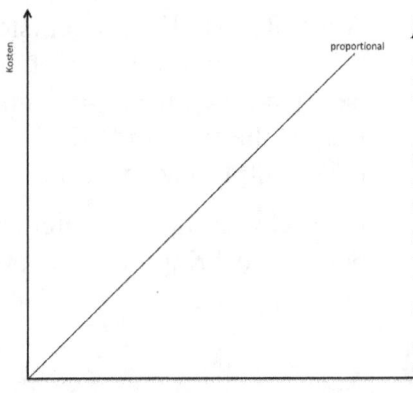

proportionaler Kostenverlauf

Die Kosten steigen im gleichen Verhältnis wie die Ausbringungsmenge.

Proportionale Kosten sind variable Kosten, bei denen sich die Kosten im gleichen Ausmaß wie die Beschäftigung verändern.

Der Reagibilitätsgrad ist 1.

degressiver Kostenverlauf

Die Kosten steigen im gleichen Verhältnis wie die Ausbringungsmenge.

Proportionale Kosten sind variable Kosten, bei denen sich die Kosten im gleichen Ausmaß wie die Beschäftigung verändern.

Der Reagibilitätsgrad ist 1.

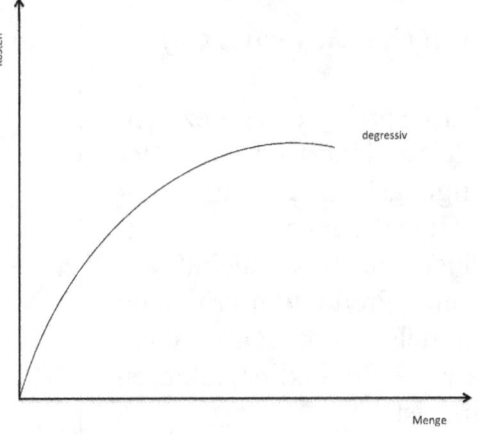

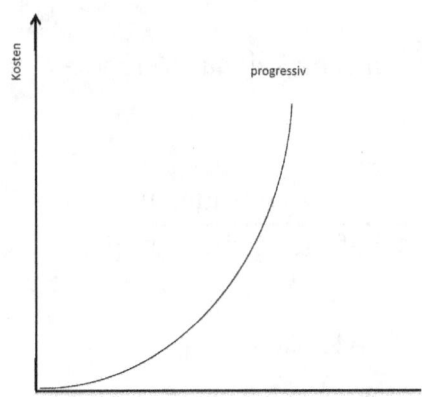

progressiver Kostenverlauf

Die Gesamtkosten erhöhen sich im Verhältnis zur Änderung der produzierten Stückzahl stärker.

Ursache für einen progressiven Kostenverlauf könnten z.B. zu leistende Nachtzuschläge sein, welche nicht eingeplant wurden.

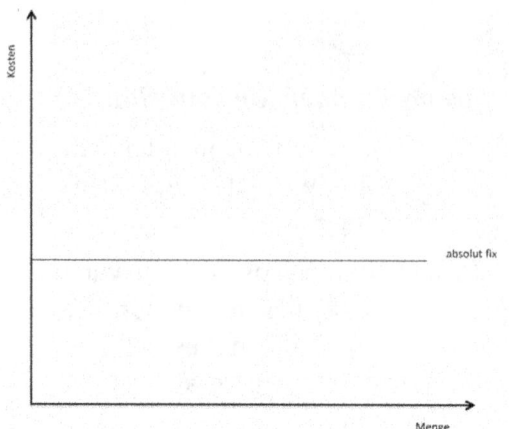

fixer Kostenverlauf

Absolut fixe Kosten entstehen allein durch die Existenz des Unternehmens, es sind Bereitschaftskosten, die auch bei Nichtproduktion anfallen.

Die Gesamtkosten bleiben bei Ausbringungsschwankungen gleich.

Intervall fixer Kostenverlauf

Auch als Sprungkosten bezeichnet, bleiben innerhalb eines Beschäftigungsintervalls unverändert, steigen aber bei Überschreiten einer Grenze sprunghaft an, wenn eine Produktionserhöhung nur mittels zusätzlicher, nicht teilbarer Produktionsfaktoren möglich ist.

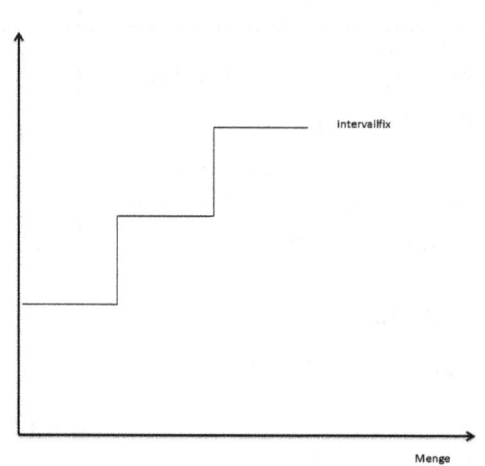

Der Reagibilitätsgrad ist der Grad der Reaktionsfähigkeit auf Veränderungen innerhalb eines Unternehmens.

Formel:

$$Reagibilit\ddot{a}tsgrad = \frac{prozentuale\ Kostenver\ddot{a}nderun}{prozentuale\ Besch\ddot{a}ftigungs\ddot{a}nderungen}$$

Bedeutungen der Werte:

$Reagibilit\ddot{a}tsgrad = 0$ fixe Kosten

$0 < Reagibilit\ddot{a}tsgrad < 1$ degressive Kosten

$Reagibilit\ddot{a}tsgrad = 1$ proportionale Kosten

$Reagibilit\ddot{a}tsgrad > 1$ progressive Kosten

Kostendifferenzierung nach der Verrechnungsart

Zurechenbarkeit	Einzelkosten	Gemeinkosten	
		Unechte Gemeinkosten	Echte Gemeinkosten
Veränderungen der Ausbringung	Variable Kosten		Fixe Kosten
Beispielangaben	• Material • Fertigungslöhne • Verpackungskosten • Provisionen	• Größere Anzahl von Hilfs- und Betriebsstoffe • Energiekosten • Wasser-/Abwasserkosten	• Kosten für das Produkt bzw. Produktgruppe • Produktionsplanung und -steuerung • Abschreibungen

Abgrenzungen

- Aufwand

Als Aufwand bezeichnet man alle während einer Rechnungsperiode erfassten Geschäftsvorgänge, die eine Minderung des Eigenkapitals verursachen. Ausgenommen davon bleiben Privatentnahmen und Kapitalherabsetzungen.

- Kosten

Als Kosten bezeichnet man den in Geld bewerteten Verbrauch (Verzehr) von Gütern und Dienstleistungen, der bei der Erstellung betrieblicher Leistungen anfällt.

Aufwand		
neutraler Aufwand	Zweckaufwand	
betriebsfremd Außerordentlich Periodenfremd	als Kosten voll zu verrechnender Zweckaufwand	nicht in selber Höhe verrechenbarer Zweckaufwand
	Grundkosten	Anderskosten Zusatzkosten
		kalkulatorische Kosten
Kosten		

Merke: Neutrale Aufwendungen stellen keine Kosten dar!

Neutrale Aufwendung unterscheidet man zwischen

betriebsfremd
• zum Beispiel: Spenden

außerordentlich
• zum Beispiel: Verkäufe aus dem Anlagevermögen unter Buchwert

periodenfremd
• zum Beispiel: Nachzahlungen der Gewerbesteuer

Kalkulatorische Kosten unterscheidet man zwischen:

Anderskosten
• kalkulatorische Abschreibungen
• kalkulatorische Wagnisse
• kalkulatorische Zinsen
• ...

Zusatzkosten
• kalkulatorische Miete
• kalkulatorischer Unternehmerlohn
• ...

Systeme der Kostenrechnung

Kostenrechnungssysteme sind eine zur Erfüllung bestimmter Rechnungszwecke oder Rechnungsbereiche konzipierte Gesamtheit von Regeln zur Erfassung, Auswertung von Kosten. Die Differenzierung erfolgt in der Regel anhand der Kriterien:

- Zeitbezug der Kostengrößen: Es werden IST-Kostenrechnung, Normalkostenrechnung und Plankostenrechnung unterschieden.
- Art und Umfang der Kostenverrechnung: Es wird zwischen Teil- und Vollkostenrechnung unterschieden.

	Vollkostenrechnung	Teilkostenrechnung
Istkosten- **Rechnung**	Kurzfristige Erfolgsrechnung Nachkalkulation Bereitstellen von Zahlenmaterial für die Bestandsbewertung aus der Bilanz	Kurzfristige Erfolgsrechnung Nachkalkulation Bereitstellen von Zahlenmaterial für die Bestandsbewertung aus der Bilanz
Normal-kosten-rechnung	Ermittlung von Vollkostenkalkulationssätzen Kontrolle der Kostenentwicklung Vorkalkulation	Ermitteln von Teilkostenzuschlagssätzen Vorkalkulation
Plankosten-rechnung	Wirtschaftlichkeitskontrolle	Wirtschaftlichkeitskontrolle Break-Even-Analyse

Kostenartenrechnung

In der Kostenartenrechnung werden die Kosten, die in einem Unternehmen entstanden sind erfasst und nach bestimmten Kriterien eingeteilt.

Die Ergebnisse der Kostenartenrechnung bilden die Grundlage für die Kostenstellen- und Kostenträgerrechnung.

Kosten Zuordnung	
Entsprechend der Produktionsfaktoren	**Entsprechend der Funktion**
• Kosten für Betriebsmittel • Kosten für Fremdleistungen • Materialkosten • kalkulatorische Kosten	• Beschaffungskosten • Fertigungskosten • Vertriebskosten • Verwaltungskosten • Entwicklungskosten

Materialkosten

Unter den Begriff Materialkosten versteht man jene Kosten, die durch den Materialeinsatz im Betrieb entstehen. Als Materialeinsatz wird der Verbrauch an Material innerhalb einer Abrechnungsperiode bezeichnet.

Die Ermittlung der Materialkosten muss in zwei Schritten erfolgen:

1. Erfassung der verbrauchten Mengen
2. Wertmäßige Bewertung der verbrauchten Mengen

Methoden zur Erfassung der verbrauchten Mengen

- Inventurmethode

Diese erfasst den gesamten Verbrauch einer Periode nach der einfachen Beziehung:

Verbrauch =
Lagerbestand zu Beginn der Periode + Lagerzugänge - Lagerabgänge

Nachteil:
Mit dieser Methode kann man nicht feststellen, für welche Kostenstelle bzw. Kostenträger die Entnahmen erfolgten. Hierzu sind zusätzliche arbeits- und zeitaufwendige Messungen (z.B. mehrere Inventuren im Jahr) erforderlich. Bestandsminderungen wie Schwund, Diebstahl und Verderb können nicht erfasst werden.

Ergebnis:
Die Inventurrechnung ist für Zwecke der Finanzbuchhaltung, aber nicht für die Kostenrechnung geeignet.

- Fortschreibungsmethode (Skontrationsmethode)

Bei diesem Verfahren werden die dem Lager entnommene Materialmengen mit Hilfe von Materialentnahmescheinen erfasst.

Verbrauch = Lagerabgänge laut Materialentnahmescheine

Vorteil:
Sowohl Verwendungsort, als auch der Verwendungszweck des Materials sind sofort ersichtlich. Auch der buchmäßige Soll-Lagerbestand kann so festgestellt werden. Materialschwund und ähnliches können durch einen Vergleich von Sollbestand und Inventurbestand errechnet werden.

- Retrograde Methode (Rückrechnung)

Diese Methode geht von der Menge der in einer Periode produzierten Halb- und Fertiggüter aus. Der Materialverbrauch ergibt sich durch Multiplizierung dieser Mengen mit im Voraus geplanten Soll-Verbrauchsmengen der Produktarten. Die Rückrechnung erfolgt in der Regel über sogenannte Stücklisten.

Nachteil:
Jeder vom Soll abweichender Verbrauch kann erst durch die jährliche Inventur festgestellt werden.

Verbrauch = erstellte Güter x Soll-Verbrauchsmenge je Stück

Bewertung des Materialverbrauchs

Zur Bewertung eines gegebenen Materialverbrauchs sind die verschiedenen Materialmengen, die ein Unternehmen in der Periode verbraucht, zu unterschiedlichen Zeiten von oft unterschiedlichen Zulieferern und zu unterschiedlichen Preisen eingekauft wurden, zu berücksichtigen.

Bei gleichartigen Produkten ergibt sich die Problematik, einen wirtschaftlich sinnvollen Preis für die Bewertung des Materialverbrauchs zu ermitteln.

Methoden der Bewertung

Gewogene Durchschnittsmethode

Wert des Verbrauchs = durchschnittlicher Anschaffungswert

Ermittlung des Durchschnittspreises

$$\text{Ø Einstandspreis} = \frac{\text{Anfangsbestand x Einstandspreis + Zugänge x jew. Einstandspreis}}{\text{Anfangsbestand + Zugänge}}$$

Der durchschnittliche Anschaffungswert wird als gewichtetes Mittel errechnet.

Es erscheint sinnvoll, aber mit jeder neuen Beschaffung muss meist ein neuer Durchschnittswert berechnet werden.

Gleitende Durchschnittsmethode

Die gleitende Durchschnittsmethode ist ein Verfahren zur Glättung von Zeitreihen.

Sie setzt voraus, dass innerhalb der Zeit (kurzfristige) Schwankungen zyklisch auftreten (z.B. saisonale Produkte) und dass die Werte relativ konstant sind.

Formeln:

Gesamtpreis = Anfangsbestand x Einstandspreis x jeweiliger Einstandspreis

$$\text{Ø Preis}_1 = \frac{\text{Gesamtwert}_1}{\text{Anfangsbestand} + \text{Zugang}_1}$$

Weiterer Zugang:

$$\text{Ø Preis}_2 = \frac{\text{Gesamtwert}_2}{\text{Bestand}_2}$$

$$\text{Gesamtwert}_2 = \text{Gesamtwert}_1 + (\text{Zugang}_2 + \text{Einstandspreis}_2)$$

Bei zwischenzeitlichem Abgang:

$$\text{Gesamtwert}_3 = \text{Gesamtwert}_2 - (\text{Abgang}_3 \times \text{Ø Preis}_2)$$

Verbrauchsfolgebewertung

Verbrauchsfolgeverfahren können angewendet werden, wenn der Verbrauch des Materials jeweils in einer bestimmten Reihenfolge stattfindet.

Zeitfolgen sind anwendbar, wenn das Material in einer bestimmten zeitlichen Reihenfolge verbraucht wird.

Fifo-Verfahren
(First in, first out)

Dieses Verfahren wird gewählt, wenn das zuerst beschaffte Material auch zuerst verbraucht wird. Der Verbrauch wird daher mit den Preisen der ersten Zugänge bewertet.

Lifo-Verfahren
(Last in, first out)

Dieses Verfahren kommt in Frage, wenn die Materialien, die zuletzt beschafft worden sind, zuerst verbraucht werden. Die Verbrauchsbewertung erfolgt daher zu den Preisen der zuletzt beschafften Güter.

Die Preisfolgen gehen davon aus, dass das Material in einer bestimmten preislichen Reihenfolge verbraucht wird:

Hifo-Verfahren
(Highest in, first out)

Das Verfahren ist dann sinnvoll, wenn zumindest rechnerisch die Materialmengen mit den höchsten Einkaufspreisen zuerst verbraucht werden.

Lofo-Verfahren
(Lowest in, first out)

Das Verfahren ist dann sinnvoll, wenn zumindest rechnerisch die Materialmengen mit den niedrigsten Einkaufspreisen zuerst verbraucht werden.

Festpreisverfahren

Hierbei handelt es sich um eine Methode zur Bewertung des Materialverbrauchs, bei der die Materialpreise über längere Zeit konstant gehalten werden.

Der Vorteil des Festpreisverfahrens liegt darin, dass die monatliche Berechnung des Durchschnittswerts entfällt. Die Festpreise werden zumeist über den Zeitraum eines Jahr konstant gehalten. Nachfolgend wird dieser überprüft und gegebenenfalls neu festgelegt. Sie sollen eine innerbetriebliche Lenkungsfunktion ausüben und sind deshalb an langfristigen Marktpreisen unter Berücksichtigung der absehbaren Zukunftsentwicklung zu orientieren.

Istpreisverfahren

Hierbei handelt es sich um eine Methode zur Bewertung des Materialverbrauchs, bei der die Verbrauchsmengen nach Maßgabe der Einstandspreise bewertet werden.

Der Nachteil des Istpreisverfahrens liegt in der Notwendigkeit, für jeden Monat einen neuen Durchschnittswert zu errechnen.

Kalkulatorische Kosten

Kalkulatorische Kosten werden berechnet, um ein möglichst genaues, realitätsnahes Betriebsergebnis zu ermitteln. Dieses Betriebsergebnis soll frei sein von manipulativen Einflüssen, denen die Bilanz und die GuV unterliegen.

Kalkulatorische Abschreibung

Die kalkulatorische Abschreibung hat zur Aufgabe, die tatsächliche Wertminderung des Anlagevermögens zu erfassen und als Kosten zu verrechnen.

Einflussgrössen der kalkulatorische Abschreibung		
Kalkulatorischer Ausgangswert	**Abschreibungsverfahren**	**Abschreibungsdauer**
Anschaffungskosten	linear	technische
Herstellungskosten	degressiv	Nutzungsdauer
Wiederbeschaffungs-kosten	progressiv	
	leistungsabhängig	wirtschaftliche
		Nutzungsdauer

Formel:

$$\text{Kalkulatorische Abschreibung} = \frac{\text{Wiederbeschaffungspreis am Rechnungstag}}{\text{Nutzungsdauer}}$$

$$\text{Jährlicher Abschreibungssatz in \%} = \frac{\text{Jährlicher Abschreibungsbetrag} \times 100}{\text{Wiederbeschaffungswert}}$$

Lineare Abschreibung

Diese Abschreibungsmethode zeichnet sich durch eine gleichmäßige Verteilung der Anschaffungs-, Herstellungs- oder Wiederbeschaffungskosten eines
Anlageobjektes auf die Jahre seiner betriebsgewöhnlichen Nutzung aus.

Die jeweilige Nutzungsdauer richtet sich nach der erfahrungsgemäßen wirt-
schaftlichen Leistungsfähigkeit.

Die lineare Abschreibung ist das in den meisten Kostenrechnungssystemen
verwendete Abschreibungsverfahren, da es rechnungstechnisch einfach zu
handhaben ist und alle Teilperioden der Nutzungsdauer gleichmäßig berücksichtigt.

$$\text{Lineare Abschreibung} = \frac{\text{Wertansatz - Liquidationserlöse}}{\text{Nutzungsdauer in Jahren}}$$

oder:

$$\text{Linearer Abschreibungssatz} = \frac{\text{Wiederbeschaffungswert}}{\text{Nutzungsdauer}}$$

Degressive Abschreibungen

Bei dieser Variante der Abschreibungen werden die Abschreibungssätze
betragsmäßig von Jahr zu Jahr geringer. Die Degressive Abschreibung
kann in zwei Formen auftreten:
geometrisch-degressive Abschreibung oder *arithmetisch-degressive Abschreibung.*

Bei der arithmetisch-degressiven Abschreibung fallen die ermittelten
Abschreibungsbeträge in gleichen Intervallen.

Bei dem geometrisch-degressiven Abschreibungssatz wird der Abschreibungssatz genauso wie bei der linearen Abschreibung ermittelt. Aller-
dings wird in diesem Fall vom jeweiligen Buchwert und nicht vom Anschaffungswert abgeschrieben.

Geometrisch-degressive Abschreibung

$$= \frac{\text{Anschaffungs- und Herstellungskosten x Abschreibungssatz in \%}}{100}$$

Steuerrechtlich kann dieses Verfahren angewandt werden, wenn folgende Voraussetzungen nach §7 Abs. 2 EStG erfüllt sind:

„Bei beweglichen Wirtschaftsgütern des Anlagevermögens, die nach dem 31. Dezember 2008 und vor dem 1. Januar 2011 angeschafft oder hergestellt worden sind, kann der Steuerpflichtige statt der Absetzung für Abnutzung in gleichen Jahresbeträgen die Absetzung für Abnutzung in fallenden Jahresbeträgen bemessen. Die Absetzung für Abnutzung in fallenden Jahresbeträgen kann nach einem unveränderlichen Prozentsatz vom jeweiligen Buchwert (Restwert) vorgenommen werden; der dabei anzuwendende Prozentsatz darf höchstens das Zweieinhalbfache des bei der Absetzung für Abnutzung in gleichen Jahresbeträgen in Betracht kommenden Prozentsatzes betragen und 25 Prozent nicht übersteigen. Absatz 1 Satz 4 und § 7a Absatz 8 gelten entsprechend. Bei Wirtschaftsgütern, bei denen die Absetzung für Abnutzung in fallenden Jahresbeträgen bemessen wird, sind Absetzungen für außergewöhnliche technische oder wirtschaftliche Abnutzung nicht zulässig."

Leistungsabhängige Abschreibung

Abschreibung je Leistungseinheit
$$= \frac{\text{Anschaffungs- und Herstellungskosten - Restwert}}{\text{Summe der Leistungseinheiten}}$$

Abschreibung je Kalenderjahr
= Leistungseinheiten pro Jahr x Abschreibungsbetrag

Kalkulatorische Zinsen

Kalkulatorische Zinsen = betriebsnotwendiges Kapital x Kalkulationszinssatz

---

Betriebsnotwendiges Anlagevermögen (AV)
- AV, das dauernd dem eigentlichen Betriebszweck dient
- Anschaffungskosten ./. kalkulatorische Abschreibungen

= Kalkulatorischer Restwert (nicht Bilanz- oder Buchwert!)
- ohne nicht betriebsnotwendige Anlagen, z.B. vermietetes Gebäude, stillgelegte Anlagen

+ Betriebsnotwendiges Umlaufvermögen (UV)
- ohne nicht betriebsnotwendige Posten, z.B. Wertpapiere
- durchschnittliches Umlaufvermögen während des Abrechnungszeitraums (= kalkulatorischer Mittelwert)

= Betriebsnotwendiges Vermögen
- Abzugskapital (= zinsloses Kapital)
- Kundenanzahlungen
- Sonstige Verbindlichkeiten (Umsatzsteuer, Sozialversicherungs- und Finanzbehörden-Verbindlichkeiten)
- Rückstellungen
- Lieferer Kredite ohne Skontierungsmöglichkeit

= Betriebsnotwendiges Kapital

Ø Buchwert = Anfangsbestand + Endbestand *oder*

Anfangsbestand+12 Monatsendbestände

Kalkulatorische Wagnisse

Kalkulatorische Wagnisse gehören zu den Einzelwagnissen, sie stehen demnach im unmittelbaren Bezug zu der im Betrieb erstellten Leistung. Nicht erfasst wird das nicht kalkulierbare Unternehmenerrisiko und auch Risiken, die bereits anderweitig abgedeckt sind, beispielsweise durch eine Versicherung. Die Versicherungsprämie fließt als Aufwand in die Buchführung ein.

Kalkulatorische Wagniskosten$= \dfrac{\text{Bezugsbasis lfd. Jahr x kalk. Wagnissatz in \%}}{100}$

Kalkulatorischer Wagnissatz $= \dfrac{\text{Ausfall in Euro in der Periode}}{\text{Bezugsbasis in der Periode}}$

Wagnisart	Beispiel	Formel
Anlagewagnis	Vorzeitiges Nutzungsende von Maschinen Fehlinvestitionen	$= \dfrac{\text{Summe der Verluste}}{\text{Wert des Anlagevermögens}} x100$
Beständewagnis	Schwund Verderb	$= \dfrac{\text{Summe der Verluste}}{\text{Wert des Ø Lagerbestands}} x100$
Entwicklungswagnis	Aufgegebene Projekte	$= \dfrac{\text{Summe der Verluste}}{\text{Entwicklungskosten der Periode}} x100$
Fertigungswagnis	Materialfehler Ausschuss Nacharbeiten	$= \dfrac{\text{Summe der Verluste}}{\text{Summe der Herstellungskosten}} x100$
Gewährleistungs-wagnis	Garantie- und Kulanzverpflichtungen Preisnachlässe	$= \dfrac{\text{Summe der Verluste}}{\text{Umsatz}} x100$
Vertriebswagnis	Forderungsausfälle Kursschwankungen	$= \dfrac{\text{Summe der Verluste}}{\text{Umsatz oder Forderungsbestand}} x100$

Kostenstellenrechnung

Die Kostenstelle ist eine funktional, organisatorisch und/oder räumlich getrennte Einheit, für die die Kosten gesondert ermittelt und kontrolliert werden können.

Dies können zum Beispiel Abteilungen, Ressorts oder auch einzelne Arbeitsplätze sein. Wie detailliert die Kostenstellen gebildet werden ist sowohl von der Betriebsgröße, als auch der organisatorischen Gliederung, der gewünschten Kalkulationsgenauigkeit und ähnliches. abhängig.

Aber auch der Gesichtspunkt der Wirtschaftlichkeit sollte nicht außeracht gelassen werden.

Kostenstellenstruktur

Alle Kosten, welche nicht direkt den Endprodukten zugeordnet werden können (Gemeinkosten) laufen über die Kostenstellen. Von dieser Stelle aus sollen sie über mehr oder weniger "gerechte" Verrechnungen, Verteilschlüssel oder Umlagen den Endprodukten zugeordnet werden.

Eine gute Grundstruktur des Kostenstellenplanes kann man bereits mit dem Unternehmensorganigramm bereitstellen.

Kostenstellen werden unterschieden nach Endkostenstellen und Vorkostenstellen sowie Haupt-, Neben- und Hilfskostenstellen.

Kostenstellen können nach folgenden Kriterien gebildet werden:

- o nach funktionalen und räumlichen Aspekten
  (Organigramm oder Regionalstrukturen)
- o nach Verantwortung für den Kostenanfall
- o nach Zuordenbarkeit der Kostenträger.

Einteilung der Kostenstellen

Hauptkostenstellen

Hauptkostenstellen sind in der Kostenstellenrechnung die Positionen, welche ihre Leistung direkt an die Leistungsprozesse des Produktes abgeben. Zu diesen Leistungsprozessen gehören zum Beispiel die Produktion, die Produktion oder die Verwaltung des Produktes, sowie der Verkauf.

Hilfskostenstellen

Hilfskostenstellen sind in der Kostenstellenrechnung die Positionen, welche ihre Leistung an die Hauptkostenstellen abgeben. Aus diesem Grund erfolgt die Zuteilung zu einem Produkt indirekt und nicht direkt auf den Kostenträger. Die Verteilung auf die Hauptkostenstellen erfolgt über einen entsprechenden Verteilungs-schlüssel. Entsprechend der Art der Verrechnung kann außerdem getrennt werden zwischen Vor- und Endkostenstelle.

Betriebsabrechnungsbogen

Der BAB dient der Erfassung der Einzelkosten und der Umlage von Gemeinkosten auf innerbetriebliche Kostenstellen. Das Unternehmen kann somit sehen, in welchen Bereichen, welche Kosten entstanden sind und kann Zuschlagssätze für die Selbstkostenkalkulation von Produkten ermitteln. Außerdem liefert der BAB eine gute Grundlage zur Analyse und Steuerung der Gemeinkosten.

Der BAB stellt eine Arbeitsanweisung für die Kostenstellenrechnung dar, die sich in sieben Schritte gliedern lässt:

I.   Verteilung der primären Kosten auf die Kostenstellen, die diese Kostengüter verbrauchen.

II. Verteilung der Leistungen der allgemeinen Hilfskostenstellen auf die Fertigungshilfs- und Hauptkostenstellen, die diese Leistungen in Anspruch nehmen.

III. Verteilung der Leistungen der Fertigungshilfskostenstellen auf die Fertigungshauptkostenstellen, die diese Leistungen verbrauchen.

IV. Ermittlung der Kosten sämtlicher Hauptkostenstellen.

V.   Errechnung von Kalkulationssätzen oder Kalkulationszuschlagssätzen.

VI. Feststellung von Kostenüber- und Kostenunterdeckungen, die sich bei Durchführung einer Normal- oder Plankostenrechnung ergeben können.

VII. Ermittlung von Kennzahlen zur Kostenkontrolle.

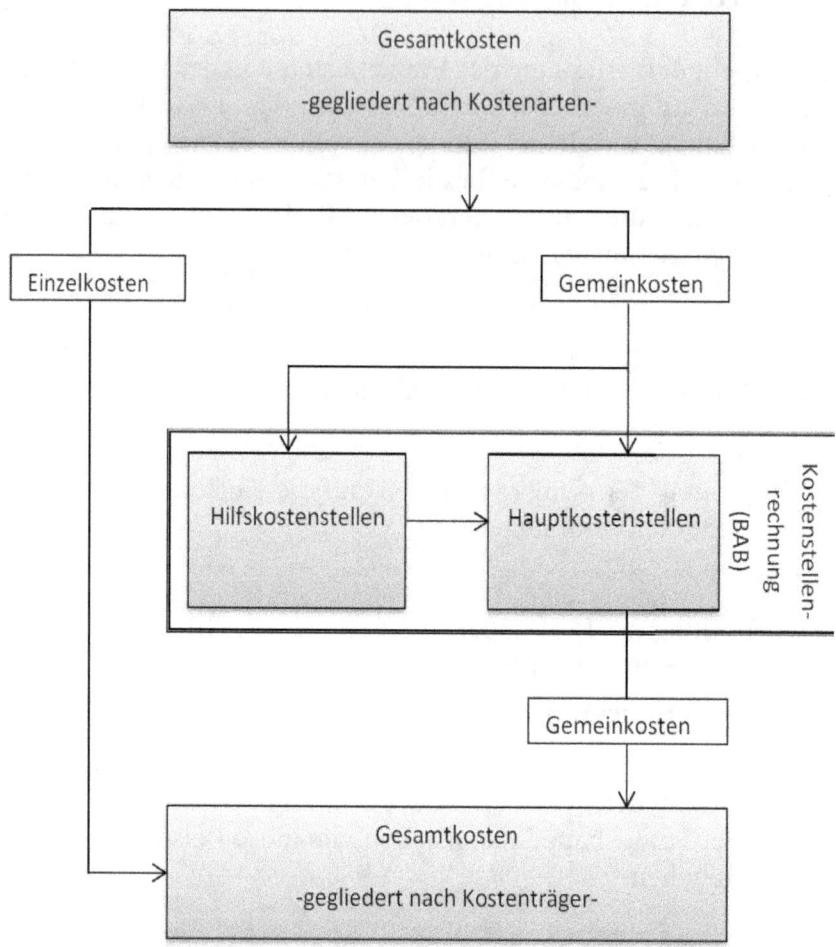

Innerbetriebliche Leistungsverrechnung

<u>Kostenstellenumlageverfahren (Step Ladder System)</u>

Schrittfolge:

1. Die Hilfskostenstellen werden nach Wertigkeit der empfangenen Leistung geordnet. Die Stelle, welche die wenigsten Leistungen empfing wird an den Anfang gesetzt. Dieser Punkt entfällt, wenn die Reihenfolge bereits im BAB festgelegt wurde.

2. Nach dem Verteilschlüssel:

$$\frac{\text{Gesamtgemeinkosten der ersten Hilfskostenstelle}}{\text{Anzahl der Gesamtleistungseinheiten}} \times \frac{\text{an bestimmte Kostenstelle abgegebene}}{\text{Leistungseinheiten}}$$

werden die Gemeinkosten der ersten Hilfskostenstelle verteilt.

3. Die erste Hilfskostenstelle ist nun „geräumt".
4. Zunächst werden bei der zweiten Hilfskostenstelle die von der ersten Hilfskostenstelle sekundären Gemeinkosten mit den primären Gemeinkosten der zweiten Kostenstelle addiert.
5. Kosten einer Leistungseinheit der 2. Hilfskostenstelle

$$= \frac{\text{Gemeinkosten der 2. HK Stelle + GK Anteil der 1. HK Stelle}}{\text{Anzahl der Gesamtleistungseinheiten – an 1. HK Stelle abgegebene Leistungseinheiten}}$$

6. Die Gemeinkosten der 2. Hilfskostenstelle werden entsprechend der Inanspruchnahme der nachfolgenden Haupt- und Hilfskostenstellen verteilt.

7. Die zweite Hilfkostenstelle ist nun „geräumt".

8. Mit allen weiteren Hilfskostenstellen wird jetzt wie ab Punkt 4 verfahren.

Mathematisches Verfahren

Bei dem mathematischen Verfahren, auch Gleichungsverfahren, werden lineare Gleichungssysteme erstellt, wobei jeweils eine Gleichung für eine Kostenstelle erstellt wird. Die Variablen sind dabei die gesuchten Verrechnungssätze. Es gilt das Prinzip der exakten Kostenüberwälzung.

Die Notwendigkeit der Berücksichtigung des innerbetrieblichen Leistungsaustauschs entsteht, weil Hilfskostenstellen oftmals Leistungen anderer Hilfskostenstellen beanspruchen. Daher können sie ihre Leistungen erst korrekt kalkulieren, wenn die Belastung mit sekundären Gemeinkosten bekannt ist.

Die Formel zur Berechnung sieht wie folgt aus:

> Wert der abgegebenen Leistungen=primäre Stellenkosten + Wert der empfangenen Leistungen

Kostenträgerrechnung

Die Kostenträgerrechnung ist der letzte Schritt in der Kostenrechnung. Hier werden die ermittelten Kosten auf einzelne Kostenträger nach dem Verursachungsprinzip bzw. anteilsmäßig verrechnet. Kostenträger können Produkte, Produktgruppen, Projekte und ähnliches sein. Kosten, die sich nicht direkt einem Kostenträger zurechnen lassen, bezeichnet man als Gemeinkosten.

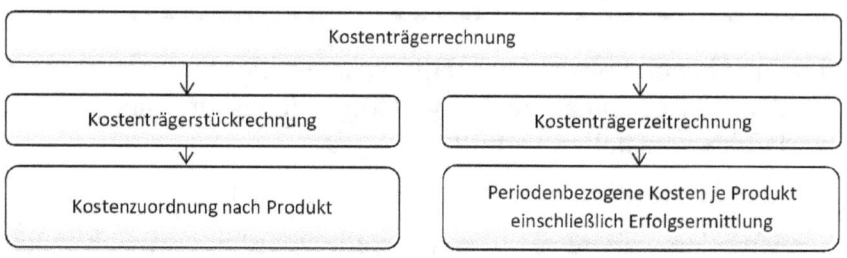

Divisionskalkulation

<u>1stufige Divisionskalkulation</u>

$$Selbstkosten\ /Stück\ = \frac{Gesamtkosten}{produzierte\ und\ abgesetzte\ Menge}$$

<u>2stufige Divisionskalkulation</u>

$$Selbstkosten = \frac{Herstellkosten}{produzierte\ Menge} + \frac{Vertriebs\ u.Verwaltunsgkosten}{abgesetzte\ Menge}$$

<u>Mehrstufige Divisionskalkulation</u>

$$Selbstkosten = \frac{Herstellkosten1}{produzierte\ Menge1} + \frac{Herstellkosten2}{produzierte\ Menge2}(+\ .)$$
$$+ \frac{Vertriebs\ u.Verwaltunsgkosten}{abgesetzte\ Menge}$$

Äquivalenzziffernkalkulation

Dieses Verfahren kann als eine weitere Variante der Divisionskalkulation bei Mehrproduktfertigung interpretiert werden.

Es beruht auf der Annahme, dass bei der Herstellung sich nur geringfügig voneinander unterscheidender Produktarten (im Sinne einer Sortenfertigung) zwar keine völlig identische Kostenstruktur besteht, diese aber bei den verschiedenen Kostenträgern durch die Verarbeitung derselben Rohstoffe oder (aufgrund des Durchlaufs gleicher Fertigungsstellen) sich voneinander nicht wesentlich unterscheidender Produktionsprozesse sehr ähnlich ist.

Differenzierte Zuschlagskalkulation

Pos.		Bezeichnung	Erläuterung
1		Materialeinzelkosten (MEK)	
2	+	Materialgemeinkosten (MGK)	In % von Pos.1
3	=	**Materialkosten (MK**	**= Summe Position 1+2**
4		Fertigungseinzelkosten (FEK)	
5	+	Fertigungsgemeinkosten (FGK)	In % von Pos. 4
6	+	Sondereinzelkosten der Fertigung	
7	=	Fertigungskosten (FK)	Summe Position 4 bis 6
8	=	**Herstellkosten (HK)**	Summe von Position 3+7
9		Verwaltungsgemeinkosten	In% von Pos. 8
10	+	Vertriebsgemeinkosten	In % von Pos. 8
11	+	Sondereinzelkosten des Vertriebs	
12	=	**Selbstkosten**	Summe aus Pos. 8 bis 11

Angebotskalkulation ausgehend von den Selbstkosten

13	+	Gewinnaufschlag	In % von Pos. 12
14	=	**Barverkaufspreis**	Summe aus Pos. 12 bis 13
15	+	Kundenskonto	In % von Pos. 16
16	=	**Zielverkaufspreis**	Summe Pos. 14+15
17	+	Kundenrabatt	In % auf Pos. 18
18	=	**Verkaufspreis (netto)**	Summe Pos. 16+17
19	+	Mehrwertsteuer	In % auf Pos. 18
20	=	**Angebotspreis (brutto)**	Summe Pos. 18+19

Maschinenstundensatz

Maschinenstundensatz ist die Gesamtheit der Kosten, die eine Maschine während der Laufstunde verursacht.

Alle der Maschine zurechenbaren Kosten (kalkulatorische Abschreibungen, kalkulatorische Zinsen, Raum- und Energiekosten, Instandhaltungskosten, Schmierstoffe etc.) werden auf die Maschinenlaufzeit angerechnet.

Kostenart	Berechnung
Kalk. Abschreibung	$= \dfrac{\text{Wiederbeschaffungswert} - \text{Restwert}}{\text{Nutzungsdauer x Laufzeit i. d. Periode}}$
Kalk. Zinsen	$= \dfrac{\text{Ø gebundenes Kapital x Zinssatz}}{\text{Maschinenlaufzeit i. d. Periode}}$
Instanthaltungskosten	$= \dfrac{\text{Gesamtinstanhaltungskosten i. d. Periode}}{\text{Maschinenlaufzeit i. d. Periode}}$
Raumkosten	$= \dfrac{\text{Raumbedarf x m}^2 - \text{Satz}}{\text{Maschinenlaufzeit i. d. Periode}}$
Energiekosten	$=$ Energiebedarf je h x Kosten der Energieeinheit

Weitere Kostenarten sind ua. Versicherungsprämien, Werkzeugkosten, Maschinenreinigung, Vorrichtungskosten usw.

Restfertigungsgemeinkosten =

Gesamtgemeinkosten der Maschine
– Maschinenabhängige Fertigungsgemeinkosten d. M.

Maschinenstundensatz
$$= \frac{\text{maschinenabh. Fertigungsgemeinkosten}}{\text{Maschinenlaufzeit}}$$

Restfertigungsgemeinkostenzuschlag
$$= \frac{\text{Restfertigungsgemeinkosten d. Maschine}}{\text{Fertigungseinzelkosten d. Maschine}}$$

Schema einer Auftragskalkulation mit Maschinenstundensätzen	
Materialeinzelkosten	**MEK**
+ Materialgemeinkosten	MGK
+ Fertigungseinzelkosten der Maschine	FEK
+ maschinenabhängige Fertigungsgemeinkosten	
+ Restfertigungsgemeinkosten der Maschine	in % der FEK
+ (Maschine 2 , 3, 4 ... etc.)	
+ Sondereinzelkosten der Fertigung	SEK_{fert}
= **Herstellungskosten**	**HK**
+ Verwaltungsgemeinkosten	VerwGK
+ Vertriebsgemeinkosten	VertrGK
+ Sondereinzelkosten des Vertriebs	SEK_{Vertr}
= **Selbstkosten**	**SK**

Verbundproduktion

Von einer Kuppelproduktion (Verbundproduktion) spricht man dann, wenn bei der Erstellung eines Produktes mit technischer Notwendigkeit mindestens ein weiteres Produkt anfällt.

Restwertmethode

$$\textbf{\textit{Kosten des Hauptprodukts}} = \frac{\text{Gesamtkosten} - \text{Erlöse der Nebenprodukte}}{\text{produzierte Menge des Hauptprodukts}}$$

Kurzfristige Erfolgsrechnung (KER)

Die kurzfristige Erfolgsrechnung ist eine Erfolgsermittlung (Betriebserfolg) in kürzeren Abständen, z.B. quartalsweise.

Gesamtkostenverfahren

	Umsatzerlöse
+/-	Bestandsveränderungen
+	Sonstige aktivierte Eigenleistungen
=	**Gesamtleistungen**
-	Gesamte Kosten
=	**Betriebsergebnis**

Umsatzkostenverfahren

	Umsatzerlöse
-	Selbstkosten der abgesetzten Produkte / Periode
=	**Betriebsergebnis**

Deckungsbeitragsrechnung

Gesamtdeckungsbeitrag = Umsatz − variable Gesamtkosten

Stückdeckungsbeitrag = Preis je Stück − variable Stückkosten

Schema der Deckungsbeitragsrechnung:

Umsatzerlöse
-      Variable Gesamtkosten
=   **Gesamtdeckungsbeitrag**
-      fixe Kosten
=   **Betriebsergebnis**

Einstufige Deckungsbeitragsrechnung

Deckungsbeitrag = Stückdeckungsbeitrag x Absatzmenge

Betriebserfolg = Deckungsbeitrag − Gesamtfixkosten

Deckungsbeitragsrechnung unter Absatzengpässen

I.   Ermittlung des Stückdeckungsbeitrags.

II.   Das Produkt mit dem höchsten Stückdeckungsbeitrag hat die oberste Priorität bei der Produktion.

Mehrstufige Deckungsbeitragsrechnung

	Umsatzerlöse
-	Variable Produktkosten
=	**Stückdeckungsbeitrag I**
-	Produktfixkosten
=	**Stückdeckungsbeitrag II**
-	Fixkosten der Produktgruppen
=	**Stückdeckungsbeitrag III**
-	Produktbereichsfixkosten
=	**Stückdeckungsbeitrag IV**
-	Unternehmensfixkosten
=	**Betriebsergebnis**

Deckungsbeitragsrechnung unter Absatz- und Fertigungsengpässen

I. Ermittlung des Stückdeckungsbeitrags.

II. Ermittlung des relativen Stückdeckungsbeitrags:

$$Relativer\ Stückdeckungsbeitrag = \frac{absoluter\ Stückdeckungsbeitrag}{Engpassbeanspruchung}$$

III. Due freu verfügbaren Kapazitäten werden nach der Priorität der höchsten Absatzmenge auf die Produkte verteilt.

IV. Ermittlung des Betriebserfolgs:

= (produzierte Menge x jeweiliger absoluter Deckungsbeitrag) − *fixe Kosten*

	Anzahl Produkt 1
x	Absoluter Deckungsbeitrag 1
+	(Anzahl Produkt 2 x abs. Deckungsbeitrag 2)
+	Fortlaufend o.g. Punkte
-	Fixkosten
=	**Betriebserfolg**

Make-or-buy Entscheidung

Die "Make-or-Buy-Entscheidung" ist die Entscheidung, ob das Unternehmen eine bestimmte Leistung oder ein bestimmtes Produkt besser von externen Anbietern bezogen oder im eigenen Hause hergestellt werden soll. Diese Entscheidung muss von den Kriterien Kosten, Qualität, Zeit, Ressourcenverfügbarkeit und Risiken abhängig gemacht werden.

Bei der Entscheidung in Bezug auf Endprodukten:

Deckungsbeitrag Fremdbezug = Verkaufspreis – Einkaufspreis

DB Eigenfertigung = Verkaufspreis – variable Stückkosten

Bei der Entscheidung in Bezug auf Halbfertigerzeugnisse bei Maschinenengpässen:

Opportunitäts-Deckungsbeitrag =
Fremdbezug-var. Kosten d. Eigenfertigung

Plankostenrechnung

starre Plankostenrechnung

$$PlanKalkulationSatz = \frac{\text{gesamte Plankosten}}{\text{Planbeschäfitung}}$$

$$verrechnete\ Plankosten = \text{PlanKalkulationSatz x Istbeschäftigung}$$

$$Gesamtabweichungen = \text{Istkosten} - \text{verrechnete Plankosten}$$

flexible Plankostenrechnung

$$fixe\ Plankosten = \frac{\text{variable Plankosten}}{\text{Planbeschäftigung}} \text{ x Ist-Beschäftigung}$$

$$verrechnete\ Plankosten$$
$$= \text{PlanKalkulationSatz x Istbeschäftigung}$$

$$variabler\ Plankalkulationssatz = \frac{\text{gesamte variable Plankosten}}{\text{Planbeschäfitung}}$$

Analyse der Abweichungen

$$Gesamtabweichung = \text{Istkosten} - \text{verrechnete Plankosten}$$

Ist keine Preisänderung gegeben:

$$Verbrauchsabweichung = \text{Istkosten} - \text{Sollkosten}$$

$$Beschäftigungsabweichung = \text{Sollkosten} - \text{verrechnete Plankosten}$$

Unter Berücksichtigung einer Preisänderungen geltend folgende Formeln:

Preisabweichung = Istkosten zu IstPreisen − PlanIstkosten

Verbrauchsabweichungen = PlanIstkosten − Sollkosten

Beschäftigungsabweichung
= Sollkosten − verrechnete Plankosten

Jahresabschlussanalyse

Bewertung

Grundsätzlich sind alle Vermögensgegenstände und Schulden einzeln zu bewerten. Nur in Ausnahmefällen sind Gruppen- oder Festbewertungen oder aber nach unterstellten Veräußerungs- bzw. Verbrauchsfolgen möglich (§ 240 Abs. 3 und 4, sowie § 256 HGB).

Anschaffungskosten:

	Anschaffungspreis
+	Anschaffungsnebenkosten
+	nachträgliche Anschaffungskosten
-	Anschaffungspreisminderung
=	**Anschaffungskosten**

Herstellungskosten:

Herstellungskosten aus handels- und steuerrechtlicher Sicht

Pflicht

Materialeinzelkosten
+ Fertigungseinzelkosten
+ Sondereinzelkosten der Fertigung
+ Materialgemeinkosten
+ Fertigungsgemeinkosten
+ Werteverzehr des Anlagevermögens

= **Wertuntergrenze**

Wahlrecht

+ Allgemeine Verwaltungskosten
+ Kosten für freiwillige Leistungen
+ Kosten für betriebliche Altersversorgung
+ Kosten für soziale Einrichtungen des Unternehmens
+ Fremdkapitalzinsen

= **Wertobergrenze**

Verbot

➤ Forschungskosten
➤ Vertriebskosten
➤ Kalkulatorische Kosten

Fortgeführte Anschaffungs- und Herstellungskosten:

	Herstellungs-/Anschaffungskosten
-	planmäßige Abschreibungen
=	**Fortgeführte Herstellungs-/Anschaffungskosten**

Beizulegender Wert:

	geschätzte Verkaufserlöse
-	Erlösschmälerungen (Rabatte etc.)
-	noch anfallende Herstellungskosten
-	noch anfallende Vertriebskosten
-	noch anfallende Verwaltungskosten
-	noch anfallende Kapitaldienstkosten
=	**beizulegender Wert**

Strukturbilanz

Die Erstellung einer Strukturbilanz dient der leichteren Verständlichkeit der Bilanz eines Unternehmens und damit der direkten Vergleichbarkeit mit anderen Mitbewerbern.

Zur Analyse einer Bilanz werden einzelne Unternehmensposten zusammengefasst. So ist die Ermittlung aussagekräftiger Kennzahlen möglich. Diese Zusammenfassung wird Strukturbilanz genannt.

Die Aktivseite der Strukturbilanz zeigt die Vermögensverhältnisse auf, während die Passivseite die Kapitalstruktur näher betrachtet.

Strukturbilanz	
Anlagevermögen	**Eigenkapital**
<ul><li>Immaterielles Anlagevermögen</li><li>Sachanlagen</li><li>Finanzanlagen</li><li>Forderungen >1 Jahr</li></ul>	<ul><li>Gezeichnetes Kapital</li><li>Kapitalrücklagen</li><li>Gewinnrücklagen</li><li>Gesellschafterdarlehn</li><li>Sonstige Hinzurechnungen (Disagio, nicht ausgewiesene Rückstellungen etc.)</li></ul>
Umlaufvermögen	**Berücksichtigung der Gewinnverwendung**
<ul><li>Vorräte</li><li>Forderungen <1Jahr</li><li>Wertpapiere (Eigenanteile etc.)</li><li>Liquide Mittel</li><li>Aktive Rechnungsabgrenzungsposten</li></ul>	<ul><li>+/- Jahresüberschuss/-fehlbetrag</li><li>+/- Gewinn-/Verlustvortrag</li><li>- auszuschüttender Betrag</li></ul>
	Langfristiges Fremdkapital
	<ul><li>Pensionsrückstellungen</li><li>Verbindlichkeiten (>/= 5 Jahre)</li></ul>
	Mittelfristiges Fremdkapital
	<ul><li>Verbindlichkeiten</li><li>+/- Gewinn-/Verlustvortrag</li><li>Verbindlichkeiten von 1-5 J. Laufzeit</li></ul>
	Kurzfristiges Fremdkapital
	<ul><li>Steuern und sonst. Rückstellungen</li><li>Verbindlichkeiten <1 Jahr</li><li>Passiver Rechnungsabgrenzungsposten</li><li>Dividendenausschüttungen</li></ul>

Kennzahlen zur Vermögensstruktur / Konstitution

Anlageintensität

Die Anlagenintensität als eine der Vermögensstrukturkennzahlen gibt das Verhältnis des Anlagevermögens zum Gesamtvermögen (bzw. zu der Bilanzsumme) in % an.

Die Anlagenintensität lässt Schlüsse über die Kapitalbindung und Fixkostenbelastung und damit die finanzielle Flexibilität eines Unternehmens zu.

Formel:

$$\frac{Anlagevermögen}{Gesamtvermögen} \; x \; 100 = \textbf{\textit{Anlageintensität}}$$

$$\frac{Anlagevermögen}{Umlaufvermögen} \; x \; 100 = \textbf{\textit{Vermögenskonstitution}}$$

Interpretation:

hohe Anlagenintensität – d.h. ein hoher Anteil des Anlagevermögens am Gesamtvermögen – bedeutet:

- eine hohe langfristige Kapitalbindung;
- hohe Fixkosten (u.a. in Form der Abschreibungen sowie in Gestalt der mit der langfristigen Kapitalbindung im Anlagevermögen verbundenen Kosten für Zinsen)
- eine geringe Flexibilität: nimmt der Umsatz ab, können die Kosten aufgrund ihres Fixkostencharakters nicht entsprechend kurzfristig angepasst werden
- möglicherweise hoher Kapitalbedarf für Ersatzinvestitionen.

Niedrige Anlagenintensität

- Eine außergewöhnlich niedrige Anlagenintensität kann darauf deuten, dass altes, vollständig abgeschriebenes Anlagevermögen vorliegt (z.B. veraltete Maschinen).

Möglichkeiten zur Veränderungen der Anlagenintensität

Die Anlagenintensität wird z.B. durch Leasing verringert.

Umlaufintensität

Die Umlaufintensität auch Umlaufquote genannt, zeigt das Verhältnis des Umlaufvermögens zum Gesamtvermögen (Bilanzsumme).

Die Höhe der Umlaufintensität lässt Schlüsse über die Kapitalbindung und Kostenflexibilität eines Unternehmens zu.

<u>**Formel:**</u>

$$\frac{Umlaufvermögen}{Gesamtvermögen} \; x \; 100 = Umlaufintensität$$

<u>**Interpretation:**</u>

<u>**hohe Umlaufintensität**</u> – d.h. ein hoher Anteil des Umlaufvermögens am Gesamtvermögen – bedeutet:

- eine kurzfristige Kapitalbindung: Forderungen gegenüber Kunden und Vorräte werden relativ schnell in liquide Mittel verwandelt

- geringe Fixkosten (in Form der Abschreibungen)

- nimmt der Umsatz ab, können die Bestände und Kosten aufgrund ihres variablen Charakters entsprechend kurzfristig angepasst werden;

- u.U. geringer Kapitalbedarf für Ersatzinvestitionen.

In den meisten Fällen ist eine hohe Umlaufintensität aufgrund der genannten Aspekte positiv zu beurteilen. Sie kann jedoch auch auf hohe bzw. überhöhte Lagerbestände oder ausstehende Forderungen bei Kunden hindeuten.

Insofern ist diese Kennzahl im Zeitverlauf zu vergleichen und im Kontext zu betrachten:

Erhöht sich der Umsatz, wird sich in der Regel auch das Umlaufvermögen erhöhen, da höhere Vorratsbestände benötigt werden und höhere

Kundenforderungen vorliegen. Beide Bilanzposten gehören zum Umlaufvermögen.

Niedrige Umlaufintensität

Eine außergewöhnlich niedrige Umlaufintensität bedeutet im Umkehrschluss eine entsprechend hohe Anlagenintensität mit den dort beschriebenen Folgen.

Eine gesunkene Umlaufintensität kann auch positive Ursachen haben, wie z.B. wenn eine Umstellung auf Aufgrund von Optimierungen eine Just-in-Time-Produktion zu sinkenden Vorratsbeständen geführt hat oder der Forderungsbestand durch kürzere Zahlungsfristen bzw. ein straffes Mahnwesen reduziert werden konnte.

Forderungsquote

Definition:

Die Forderungsquote auch Forderungsintensität genannt, bezeichnet das Verhältnis des Buchwerts der Forderungen zum Gesamtvermögen (der Bilanzsumme).

Formel:

$$\frac{Kurzfristige\ Forderungen}{Gesamtvermögen} x\ 100 = Forderungsquote$$

Interpretation:

hohe Forderungsintensität

- Höheres Risiko von Forderungsverlusten
- Größere Zinsverluste
- Geringere Flexibilität

Weiter Formeln:

Umschlagsdauer des Vorratsvermögens

$$= \frac{durchschnittliche\ Vorräte}{Umsatz} x\ 360$$

Investitionsquote des Sachanlagevermögens

$$= \frac{\text{Kurzfristige Forderungen}}{\text{Gesamtvermögen}} \text{ x } 100$$

> **Investitionsdeckung** $= \frac{\text{Abschreibungen auf Sachanlagen}}{\text{Sachanlagenzugäng}-\text{Sachanlagenabgänge}} \, x \, 100$
>
> Ergebnis < 1 = Anlagenzugang
>
> Ergebnis > 1 = Ersatzinvestition

Innenfinanzierungsgrad der Investitionen $= \frac{\text{Cashflow}}{\text{Nettoinvestitionen}} \, x \, 100$

Abschreibungsquote des Sachanlagevermögens =

$$\frac{\text{Jahresbschreibungen auf Sachanlagen}}{\text{Sachanlagevermögen zu Herstellungs}-\text{o.Anschaffungskosten am Jahresende}} \, x \, 100$$

Anlagenabnutzungsgrad =

$$\frac{\text{Abschreibungen auf Sachanlagen}}{\text{Sachanlagevermögen zu Herstellungs}-\text{o.Anschaffungskosten am Periodenende}} \, x \, 100$$

Umschlagshäufigkeit des Anlagevermögens

	Abschreibungen des Sachanlagevermögens
+	Abgänge des Sachanlagevermögens
=	**Ø Bestand des Sachanlagevermögens zu HK o. AK**

Umschlagshäufigkeit des Umlaufvermögens =

$$\frac{\text{Umsatz}}{\text{Ø Bestand des Umlaufvermögens}} \, x \, 100$$

Kennzahlen der Kapitalstruktur

Zahlungsmittelquote

Die Zahlungsmittelquote, auch Zahlungsmittelintensität genannt, zeigt das Verhältnis von liquiden Mitteln zum Gesamtvermögen.

Sie ist ein Anzeichen für die Entwicklung der liquiden Mittel im Unternehmen.

Formel:

$$\frac{Liquide\ Mittel}{Gesamtvermögen} \times 100 = Zahlungsmittelquote$$

Interpretation:

hohe Zahlungsmittelquote

- deutet auf eine bessere Absatzlage des Unternehmens hin

Eigenkapitalquote

Die Eigenkapitalquote bezeichnet den Anteil des Eigenkapitals am Gesamtkapital (Bilanzsumme), ausgedrückt in Prozent.

Sie ist einer der Indikatoren für das Risiko und die Bonität eines Unternehmens.

Formel:

$$\frac{Eigenkapital}{Gesamtkapital} \times 100 = Eigenkapitalquote$$

Interpretation:

hohe Eigenkapitalquote

- höhere Kreditwürdigkeit (Bonität)

- eine geringe Verschuldung;
- ein geringeres Risiko an Insolvenztatbeständen
- eine höhere Unabhängigkeit für das Unternehmen, unabhängiger gegenüber Fremdkapitalgeber

Nachteil: Eine hohe Eigenkapitalquote wirkt sich jedoch negativ auf die Eigenkapitalrentabilität aus.

Anspannungskoeffizient

Definition:

Der Anspannungskoeffizient, auch Fremdkapitalquote genannt, ist eine Bilanzkennzahl zur Analyse der Kapitalstruktur von Unternehmungen.

Mit ihm soll das Kapitalrisiko für Investoren beurteilt werden.

Formel:

$$\frac{Fremdkapital}{Gesamtkapital} \, x \, 100 = Anspannungskoeffizient$$

Interpretation:

hoher Anspannungskoeffizient

- Indikator für zunehmende Schwierigkeiten bei der zukünftigen Verschuldung
- Risiko der Kündigung von Krediten steigt

Anlagendeckung (Investierung)

Anlagendeckung I

Der Deckungsgrad I zeigt an, in welcher Prozenthöhe des Anlagevermögens mit Eigenkapital finanziert sind.

Ein Deckungsgrad I von 70% bedeutet beispielsweise, dass einem EURO Anlagevermögen 70 Cent Eigenkapital gegenüberstehen und somit Teile des Anlagevermögens (30%) mit Fremdkapital finanziert werden müssen. Die Fristigkeit der Finanzierung soll der Bindungsfrist des Vermögens entsprechen.

Formel:

$$\frac{Eigenkapital}{Anlagevermögen} = Anlagendeckung\ I$$

Anlagendeckung II

Der Deckungsgrad II zeigt an, in welcher Prozenthöhe des Anlagevermögens langfristig finanziert sind.

Ein Deckungsgrad II von 80% bedeutet beispielsweise, dass lediglich 80% des Anlagevermögens langfristig und die restlichen 20% kurzfristig finanziert werden.

Da das Anlagevermögen langfristig gebunden ist, sollte es in der Regel auch langfristig finanziert werden. Im Umkehrschluss würde das Umlaufvermögen nicht ausreichen, um das gesamte kurzfristige Fremdkapital zu bedienen. Der Deckungsgrad II sollte somit <u>mindestens 100%</u> betragen.

Formel:

$$\frac{Eigenkapital + langfr.Fremdkapital}{Anlagevermögen} = Anlagendeckung\ II$$

Anlagendeckung III

Der Deckungsgrad III gibt darüber Auskunft, inwieweit das Anlagevermögen und die Vorräte durch das Eigenkapital und das langfristige Fremdkapital finanziert werden können.

Formel:

$$\frac{Eigenkapital + langfr.Fremdkapital}{Anlagevermögen + dauernd\ benötigtes\ Umlaufverm.} x\ 100$$
$$= Anlagendeckung\ III$$

Zahlungsbereitschaft (Liquidität)

Liquidität I (Barliquidität)

Die Liquidität I ist eine statische Kennzahl der Liquidität. Sie gibt das Verhältnis der liquiden Mittel zu den kurzfristigen Verbindlichkeiten an. Die liquiden Mittel bestehen aus den Bestandteilen Barmittel und Bankguthaben. Dabei sollen sich die liquiden Mittel zu den kurzfristigen Verbindlichkeiten im Verhältnis 1:5 stehen. Diese Regel ist auch unter der Bezeichnung "absolute liquidity ratio" bekannt. Auch bezeichnet als Liquidität ersten Grades.

Die Barliquidität ist statisch, da sie an einem bestimmten Stichtag ermittelt wird. In der Regel wird sie im Rahmen der Bilanz- oder Finanzanalyse aufgrund der Bilanz festgestellt, daher ist ihre Aussage vergangenheitsorientiert.

Formel:

$$\frac{Liquide\ Mittel}{kurzfristiges\ Fremdkapital} \times 100 = Liquidität\ I$$

Liquidität II (Einzugsbedingte Liquidität)

Bei der Liquidität II werden die flüssigen Mittel um die kurzfristigen Forderungen ergänzt und mit den kurzfristigen Verbindlichkeiten ins Verhältnis gesetzt. Die Liquidität 2. Grades gibt an, inwieweit die Forderungen und flüssigen Mittel die kurzfristigen Verbindlichkeiten decken. Liegt sie unter 100%, könnte es ein Hinweis auf einen zu hohen Lagerbestand, aufgrund mangelnden Absatzes, sein. Die Zahlungsfähigkeit kann gefährdet sein.

Formel:

$$\frac{Liquide\ Mittel + kurzfr.\ Forderungen}{kurzfristiges\ Fremdkapital} \times 100 = Liquidität\ II$$

Liquidität III (Umsatzbedingte Liquidität)

Bei der Liquidität III wird das Umlaufvermögen mit den kurzfristigen Verbindlichkeiten ins Verhältnis gesetzt. Die Quote sollte mindestens 120% betragen. Liegt sie darunter, kann es Probleme mit dem Absatz geben. Liegt sie deutlich darüber, könnten im Lager zu viele Produkte liegen, die das Kapital binden. Liegt die Liquidität 3. Grades unter 100%, ist darauf zu schließen, dass ein Teil des langfristigen Anlagevermögens kurzfristig finanziert worden ist. Dies verstößt gegen die goldene Bilanzregel: langfristiges Anlagevermögen muss langfristig finanziert werden.

Formel:

$$\frac{Umlaufvermögen}{kurzfristiges\ Fremdkapital} \times 100 = Liquidität\ III$$

Cashflow (Kassenzufluss)

Der Cash Flow gibt die Differenz von einnahmewirksamen Erträgen und ausgabewirksamen Aufwendungen, die für Investitionen, Dividendenzahlungen und Schuldentilgungen verfügbar ist wieder.

Der Cash Flow wird auch als Umsatzüberschuss bezeichnet.

Allgemeine Berechnung

Berechnungsweise:

Um den allgemeinen Cash Flow auf indirektem Wege zu ermitteln, werden die Positionen, die nicht zahlungswirksam sind, aus dem Jahresüberschuss herausgerechnet.

Formel:

$$\begin{array}{l} Jahresüberschuss \\ +\ Aufwendungen\ die\ keine\ Ausgaben\ verursachten \\ \underline{-\ Erträge\ die\ zu\ keinen\ Einnahmen\ führten} \\ \textbf{\textit{Cash Flow (allgemein)}} \end{array}$$

Zu den nicht zahlungswirksamen Aufwendungen zählt man:

- Einstellungen in die Rücklagen
- Erhöhung des Gewinnvortrages
- Abschreibungen
- Erhöhung der Sonderposten mit Rücklageanteil
- Erhöhung der Rückstellungen
- Bestandminderung an fertigen und unfertigen Erzeugnissen
- Periodenfremde und außerordentliche Aufwendungen

Zu den nicht zahlungswirksamen Erträgen zählt man:

- Entnahme aus Rücklagen
- Minderung des Gewinnvortrages
- Zuschreibungen
- Auflösung von Wertberichtigungen
- Minderung der Sonderposten mit Rücklageanteil
- Auflösung von Rückstellungen
- Bestandserhöhungen an fertigen und unfertigen Erzeugnissen
- Aktivierte Eigenleistungen
- Periodenfremde und außerordentliche Erträge

Einfache Berechnungsform

<u>Berechnungsweise:</u>

Die einfache Berechnungsform wird zumeist in kleineren Betrieben angewandt.

Formel:

$$\begin{array}{l} Jahres\"uberschuss \\ + \, Abschreibungen \\ \hline = Cashflow \; (einfache \; Form) \end{array}$$

Ausführliche Berechnungsform

Berechnungsweise:

Die ausführliche Berechnungsform berücksichtigt neben den Abschreibungen weitere Aufwendungen ohne Ausgaben und mindert den Jahresüberschuss um Erträge, die u keinen Einnahmen geführt haben.

Formel:

$$\begin{array}{l} Jahres\"uberschuss \; lt. \, GuV \\ + \, Abschreibungen \\ + \, Erh\"ohung \; langfristiger \; R\"uckstellungen \\ + \, Minderbestand \; an \; Erzeugnissen \\ - \, Verminderung \; langfristiger \; R\"uckstellungen \\ - \, Mehrbestand \; an \; Erzeugnissen \\ \hline = Cashflow \; (ausf\"uhrlichere \; Form) \end{array}$$

Rentabilitätskennzahlen

Bereinigter Jahresgewinn

Der bereinigte Jahresgewinn misst die Rendite des eingesetzten Eigen- und Gesamtkapitals und des Umsatzes. Für die Berechnung von Rentabilitätskennzahlen wird stets vom bereinigten Jahresgewinn ausgegangen.

Formel:

$$
\begin{array}{l}
\textit{Jahresergebnis} \\
\textit{+ Außerordentliche Aufwendungen} \\
\underline{\textit{−Außerordentliche Erträge}} \\
\textit{= Ordentliches Unternehmensergebnis} \\
\textit{− Kalkulatorischer Unternehmerlohn} \\
\underline{\textit{− Kalkulatorischer Lohn v. Familienangehörige}} \\
\textbf{\textit{= Bereinigter Jahresgewinn}}
\end{array}
$$

Eigenkapitalrentabilität

Die Eigenkapitalrentabilität, auch Eigenkapitalrendite genannt, ist eine Form der Kapitalrentabilität.

Sie bezeichnet die "Verzinsung" des eingesetzten Eigenkapitals, ausgedrückt in Prozent.

Durch den sogenannten Leverage-Effekt kann die Eigenkapitalrendite erhöht werden.

Formel:

$$
\frac{\textit{Bereinigter Jahresgewinn}}{\textit{Durchschnittliches Eigenkapital}} x\ 100
$$
$$
\textit{= Eigenkapitalrentabilität}
$$

Risikoprämie

Die Risikoprämie wird als Ausgleich für das eingegangene unternehmerische Risiko gesehen.

Formel:

$$
\begin{array}{l}
\textit{Durchschnittlicher Kapitalmarktzins} \\
\underline{\textit{−Eigenkapitalrentabilität}} \\
\textbf{\textit{= Risikoprämie}}
\end{array}
$$

Gesamtkapitalrentabilität/ Return of Investment (ROI)

Die Gesamtkapitalrentabilität, auch Gesamtkapitalrendite genannt, gibt die Verzinsung des gesamten in einem Unternehmen eingesetzten Kapitals, das sich aus Eigenkapital und Fremdkapital zusammensetzt, an.

Die Gesamtkapitalrentabilität trägt auch die Bezeichnung Return on Investment (ROI).

Formel:

$$\frac{Bereinigter\ Jahresgewinn + Fremkapitalzinsen}{Durchschnittliches\ Gesamtkapital} x\ 100$$
$$= Gesamtkapitalrentabilität$$

oder

Umsatzrentabilität x Kapitalumschlag = $Umsatzrentabilität$

Umsatzrentabilität

Die Umsatzrentabilität stellt den auf den Umsatz bezogenen Gewinnanteil dar. Diese Kennzahl lässt also erkennen, wie viel das Unternehmen in Bezug auf 1,00 Euro Umsatz verdient hat.

Formel:

$$\frac{Bereinigter\ Jahresgewinn}{Umsatz(-Erlösschmälerung)} x\ 100 = Umsatzrentabilität$$

Leverage-Effekt

Der Leverage bezeichnet die Abhängigkeit der Rentabilität des Eigenkapitals vom Anteil der Fremdfinanzierung. Ein positiver Leverage-Effekt tritt ein, wenn die Rentabilität des Gesamtkapitals größer ist als der Fremdkapitalzins. Mit Hilfe des Leverage erhöht sich die Eigenkapitalrendite bei steigender Verschuldung.

Effektivverzinsung

Die Effektivverzinsung gibt die tatsächliche Verzinsung des eingesetzten Kapitals oder eines Kredites an. Unter anderem werden zur Berechnung der Effektivverzinsung etwaige Gebühren, Ausgabeaufschläge, Ausgabeabschläge, Kursgewinne und Kursverluste berücksichtigt.

Unterjährige Verzinsung einschließlich Zinseszins

EBIT

Bei dem Earnings before Interest and Taxes (EBIT) handelt es sich um das Ergebnis vor Steuern und Zinsen. Diese Kennzahl weist das Betriebsergebnis unabhängig von regionalen Besteuerungen und unterschiedlichen Finanzierungsformen aus. EBIT eignet sich daher zum internationalen Vergleich von Unternehmen.

	Jahresüberschuss nach Steuern	After-tax Profit
+	Ertragssteuern	Income Taxes
=	**Jahresüberschuss vor Steuern**	**Pre-tax profit**
+ / -	Außerordentliches Ergebnis	Extraordinary Items / Discontinued Operations
=	**Ergebnis der gewöhnlichen Geschäftstätigkeit**	**Earnings before Taxes**
+	Zinsaufwendungen	Interest Expenses
=	**Gewinn vor Steuern und Zinsen**	**Earnings before Interest an Taxes (EBIT)**

EBITDA

Earnings before interests, taxes, depreciation and amortisation (E-BITDA) ist das Ergebnis vor Zinsen, Steuern, und Abschreibungen auf Sachanlagen und immaterielle Vermögengegenstände. Das Betriebsergebnis wird hierbei ohne Verzerrungen dargestellt.

	Gewinn vor Zinsen und Steuern	Earnings before Interest an Taxes (EBIT)
+	Abschreibungen auf Sachanlagen	Depreciation
+	Abschreibungen auf Geschäfts- oder Firmenwert	Amortization
=	**Gewinn vor Steuern, Abschreibungen und Zinsen**	**Earnings before interests, taxes, depreciation and amortization (EBITDA)**

Finanzierung

Die Finanzierung umfasst alle betrieblichen Prozesse zur Bereitstellung der finanziellen Mittel, die für Investitionen benötigt werden.

Goldene Finanzierungsregel

Die Goldene Finanzierungsregel, welche auch als Goldene Bankregel bezeichnet wird, fordert eine Fristenkongruenz zwischen der Kapitalaufbringung und anschließenden Kapitalrückzahlung (Finanzierung) und der Mittelverwendung (Investition).

$$> / = 1 = \frac{\text{kurzfristiges Vermögen}}{\text{kurzfristiges Kapital}} \qquad < / = 1 = \frac{\text{langfristiges Vermögen}}{\text{langfristiges Kapital}}$$

Goldene Bilanzregel

Die goldene Bilanzregel besagt, dass das langfristige Vermögen auch langfristig finanziert werden soll. Kurzfristiges Vermögen (Umlaufvermögen) kann auch kurzfristig finanziert sein. Ist das Verhältnis von Eigenkapital zum Anlagevermögen also gleich oder größer als 1, so ist das langfristige Vermögen eines Unternehmens (Anlagevermögen) langfristig finanziert und die Fristenkongruenz zwischen Mittelherkunft und Mittelverwendung wird somit eingehalten.

Berechnung

$$\text{Enge Fassung} = \frac{\text{Eigenkapital}}{\text{Anlagevermögen}}$$

$$\text{erweiterte Fassung} = \frac{\text{Eigenkapital+langfr.Fremdkapital}}{\text{Anlagevermögen}}$$

$$\text{Weite Fassung} = \frac{\text{Eigenkapital+langfr.Fremdkapital}}{\text{Anlagevermögen+langfr.Umlaufvermögen}}$$

Finanzierungsarten		
	Außenfinanzierung	**Innenfinanzierung**
Eigenfinanzierung	• Beteiligungsfinanzierung	• Selbstfinanzierung • Finanzierung aus Abschreibungen • Vermögensumschichtungen
Fremdfinanzierung	• Kreditfinanzierung • Leasing • Factoring • Subventionen	• Finanzierung aus Rückstellungen

Effektivverzinsung

Schritte zur Berechnung der Kosten:

$$1.\ Kreditkosten = \frac{\text{Kreditbetrag x Zinssatz x Laufzeit in Monaten}}{100\text{x}\ 12}$$

$$2.\ +\frac{\text{Kreditbetrag x (Bearbeitungsgebühr in \%+Disagio in \%}}{100}$$

$$Monatsrate = \frac{\text{Kreditbetrag x Kreditkosten}}{\text{Laufzeit in Monaten}}$$

$$eff.Jahreszins = \frac{\text{Kreditkosten x 12 x 100}}{\text{Kreditbetrag x Laufzeit in Monaten}}$$

Annuitätendarlehen

Ein Annuitätendarlehen ist eine Darlehensvariante, in der die Tilgung in gleichbleibenden Raten erfolgt.

Die Annuität ist die vereinbarte, immer gleichbleibende Rate für eine Kapitalschuld, die aus einem Zins- und einem Tilgungsanteil besteht.

Annuität = Zinsrate + Tilgungsrate

Oder

Darlehensbetrag x Annuitätenfaktor

Festdarlehn mit Disagio

Effektivzinssatz

$$= \frac{\text{Nominalzins + Rückzahlungsbetrag} - \dfrac{\text{Auszahlungskurs}}{\text{Laufzeit}}}{\text{Auszahlungskurs}}\ x\ 100$$

Ratendarlehn /Abzahlungsdarlehn

$$mittlere\ Laufzeit = \frac{Tilgungszeit + 1}{2}$$

Lieferantenkredit

$$appr.\ Jahressatz\ in\ \% = \frac{Skontosatz\ in\ \%}{Zahlungsziel - Skontofrist}$$

1.		Periodenergebnis vor außerordentlichen Posten einschl. Ergebnisanteilen von Minderheitsgesellschaftern
2.	+/-	Abschreibungen/Zuschreibungen auf Gegenständes des Anlagevermögens
3.	+/-	Zunahme/Abnahme der Rückstellungen
4.	+/-	Sonstige zahlungswirksame Aufwendungen/Erträge
5.	+/-	Gewinn/Verlust aus Abgang von Gegenständen des Anlagevermögens
6.	+/-	Zunahme/Abnahme der Vorräte, der Forderungen aus Lieferungen und Leistungen sowie anderer Aktive, die nicht der Investitions- oder Finanzierungstätigkeit zuzuordnen sind
7.	+/-	Zunahme/Abnahme der Verbindlichkeiten aus Lieferungen und Leistungen sowie anderer Aktive, die nicht der Investitions- oder Finanzierungstätigkeit zuzuordnen sind
8.	+/-	Ein- und Auszahlungen aus außerordentlichen Posten
9.	=	Cashflow aus laufener Geschäftstatigkeit
10.		Einzahlungen aus Abgängen von Gegenständen des Sachanlagevermögens

11.	+	Einzahlungen aus Abgängen von Gegenständen des immateriellen Anlagevermögens
12.	-	Auszahlungen für Investitionen in das Sachanlagevermögen
13.	-	Auszahlungen für Investitionen in das immaterielle Anlagevermögen
14.	+	Einzahlungen aus Abgängen von Gegenständen des Finanzanlagevermögens
15.	-	Auszahlungen für Investitionen in das Finanzanlagevermögen
16.	+	Einzahlungen aus dem Verkauf von konsolidierten Unternehmen und sonstigen Geschäftseinheiten
17.	-	Auszahlungen aus dem Erwerb von konsolidierten Unternehmen und sonstigen Geschäftseinheiten
18.	+	Einzahlungen aufgrund von Finanzmittelanlagen im Rahmen der kurzfristigen Finanzdisposition
19.	-	Auszahlungen aufgrund von Finanzmittelanlagen im Rahmen der kurzfristigen Finanzdisposition
20.	=	Cashflow aus der Investitionstätigkeite
21.		Einzahlungen aus Eigenkapitalzuführungen (Kapitalerhöhung)
22.	-	Auszahlungen an Unternehmenseigner und Minderheitsgesellschafter (Dividenten, Eigenkapitalrückzahlungen etc.)
23.	+	Einzahlungen aus der Begebung von Anleihen und Krediten
24.	-	Auszahlungen aus der Tilgung von Anleihen und Krediten

25.	=	Cashflow aus der Finanzierungstätigkeit
26.		Zahlungswirksame Veränderungdes Finanzmittelbestands (Summe=9+20+25)
27.	+/-	Wechselkurs-,konsoidierungskreis- und bewertungsbedingte Änderungen des Finanzmittelbestands
28.	+	Finanzmittelbestand am Anfang der Periode
29.	=	Finanzmittelbestand am Ende der Periode

Kapitalerhöhungen / Beteiligungsfinanzierung

Der Altaktionär hat das Recht, aber nicht die Verpflichtung zur Ausübung seiner Bezugsrechte. Nach der Einbuchung der Bezugsrechte in sein Wertpapierdepot kann er über deren Verwendung frei entscheiden.

$$\textbf{Wert des Bezugsrechts} = \frac{Altaktien\ Kurs - Jungaktien\ Kurs}{Bezugsverhältnis + 1}$$

Das Bezugsverhältnis gibt die Anzahl der alten Aktien an, die ein Aktionär für den Erwerb einer jungen Aktie besitzen muss.

$$\textbf{Bezugsverhältnis} = \frac{Anzahl\ Altaktien}{Anzahl\ Jungaktien} = \frac{Grundkapital}{Erhöhungskapital}$$

Durch das Bezugsrecht erhalten Altaktionäre einer Aktiengesellschaft das Recht, neu emittierte Aktien entsprechend ihrer bisherigen Beteiligung am Grundkapital zu erwerben.

Bezugsrecht

$$= \frac{Altaktien\ Kurs - (Dividentennachteil + Jungaktien\ Kurs)}{Bezugsverhältnis + 1}$$

oder

Altaktienkurs – Mittelkurs (neu)

Aktienbewertung

Einfacher Bilanzkurs ist der rechnerische Wert einer Aktie, der sich aus den Bilanzwerten der Gesellschaft ergibt, wenn man das bilanzierte Eigenkapital in das Verhältnis zum Grundkapital setzt.

$$\textbf{Bilanzkurs} = \frac{bilanziertes\ Eigenkapital}{Grundkapital} x100$$

$$\textbf{Ertragskurs} = \frac{Ertragswert\ des\ Unternehmens}{Grundkaptial} x100$$

Der Ertragswert ist der Barwert künftiger Nettoeinzahlungen eines Objektes (z.B. einzelne Aktie). Er heißt auch Zukunftserfolgswert

$$\textbf{Ertragswert} = \frac{Reinertrag}{Kapitalisierungszinsfuß} x100$$

$$\textbf{Gewinn pro Aktie} = \frac{Jahresüberschuss}{Anzahl\ Aktien} x100$$

Die Dividentenrendite ist ein Bewertungswert bei einer Anlageentscheidung in Aktien unter Berücksichtigung realistischer zukünftiger Dividendenschätzungen und in der Vergangenheit getätigten Ausschüttungen.

$$\textbf{Dividentenrendite} = \frac{Nettodividente}{Aktienkurs} x100$$

Das Kurs-Gewinn-Verhältnis ist eine Kennzahl zur Beurteilung der Ertragskraft und -entwicklung eines Unternehmens im Vergleich zu einem oder mehreren anderen Wettbewerbern.

$$\textbf{KGV}\ (Kurs - Gewinn - Verhältnis) = \frac{Aktienkurs}{Aktiengewinn}$$

Investitionsrechnung

Die Investitionsrechnung ermittelt den finanziellen Vorteil von Investitionsprojekten.

Statische Investitionsrechnung

Kostenvergleichsrechnung, Gewinnvergleichsrechnung, Rentabilitäts-
vergleichsrechnung und die Amortisationsrechnung gehören zu den statischen Investitionsrechnungen. Solche Verfahren werden statisch genannt, weil in den Berechnungen Zeitverläufe nicht beachtet werden.
Anstelle, dass die verschiedenen Zahlungen eines Zeitpunktes ermitteln
werden, wird ein Durchschnittswert aller Ein- und Auszahlungen gebildet.

Kostenbestandteile:

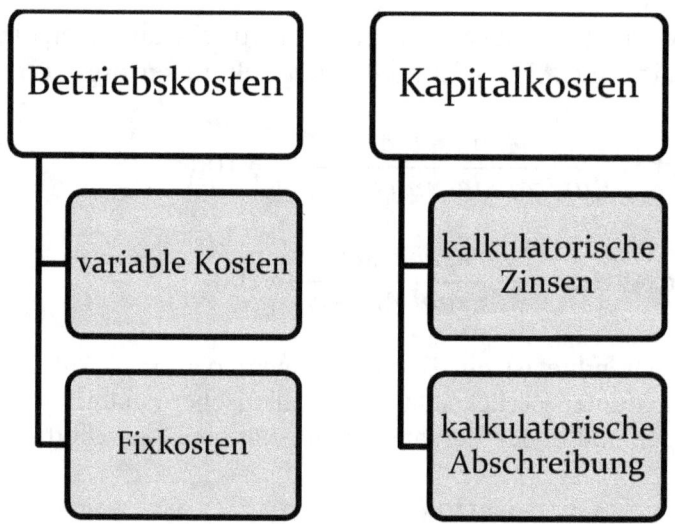

Die kalkulatorische Abschreibung hat zur Aufgabe, die tatsächliche
Wertminderung des Anlagevermögens zu erfassen und als Kosten zu
verrechnen.

kalkulatorische Abschreibung

$$= \frac{Anschaffungskosten - Restwert\ am\ Ende\ der\ Nutzungsdauer}{Nutzungsdauer}$$

Die kalkulatorischen Zinsen sind Kosten für die Verwendung des betriebsnotwendigen Kapitals.

kalkulatorische Zinsen

$$= \frac{Anschaffungskosten + Restwert\ am\ Ende\ der\ Nutzungsdauer}{2}$$

Gesamtkosten=Fixkosten + Variable Kosten (jeweils Stück/Menge)

$$\textbf{Fixkosten} = \frac{Anschaffungskosten - Restwert}{Nutzungsdauer}$$
$$+ \frac{Anschaffungskosten - Restwert}{2}$$

Kritische Auslastung

$$= \frac{Fixkosten\ P2 - Fixkosten\ P1}{variable\ Kosten\ P\ 1 - variable\ Kosten\ P2}$$

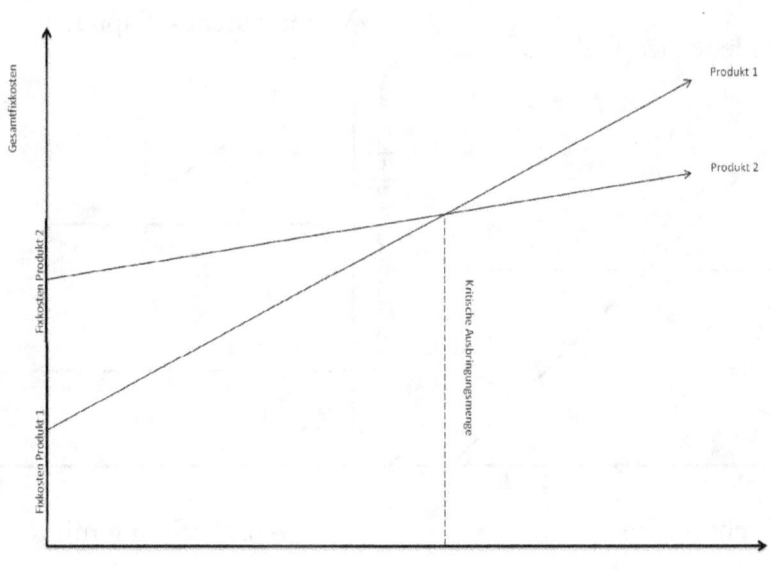

Abb. Kritische Ausbringungsmenge

Ersatzinvestition

Von Ersatzinvestition im engeren Sinne spricht man, wenn eine alte Anlage durch eine neue ersetzt wird, aber keine Änderung gegenüber der alten Anlage aufweist. Im weiteren Sinne wird von einer Ersatzinvestition gesprochen, wenn eine alte Anlage durch eine neue ersetzt wird und dabei Rationalisierungseffekte auftreten.

ØRückgang des Erlöses

$$= \frac{Erl\ddot{o}s\ alte\ Anlage\ am\ Anfang - Erl\ddot{o}s\ alte\ Anlage\ am\ Ende}{Umfang\ der\ Vergleichsperiode}$$

Kalkulatorische Zinsen aufgrund der Kapitalbindung

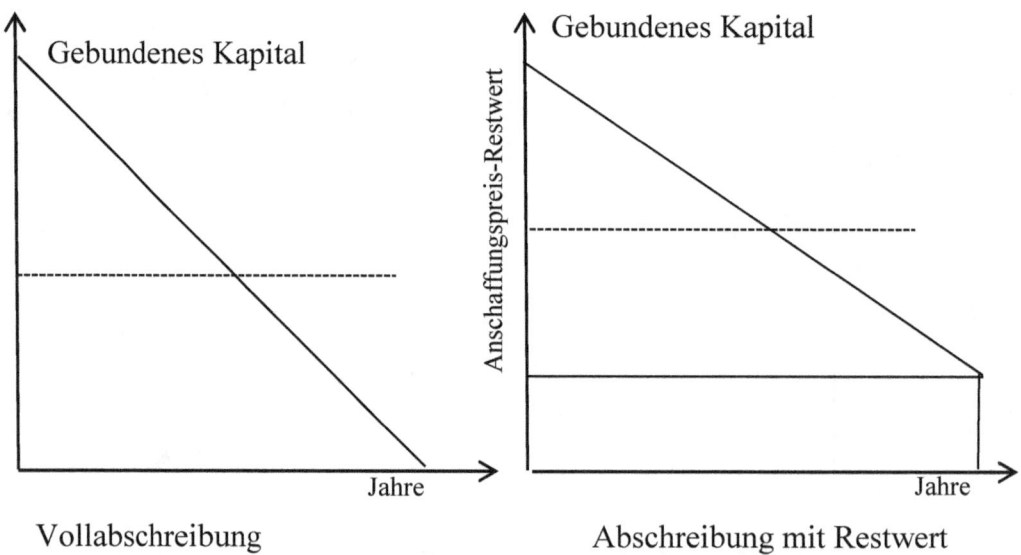

Vollabschreibung   Abschreibung mit Restwert

Kalkulatorische Zinsen pro Jahr − Vollabschreibung

$$= \frac{Anschaffungspreis}{2} \, xZinsen$$

Kalkulatorische Zinsen pro Jahr − Abschreibung mit Restwert

$$= \frac{Anschaffungspreis - Restwert}{2} x Zinsen$$

Gewinnvergleichsrechnung

Die Gewinnvergleichsrechnung dient zum Vergleich mehrerer Investitionsmöglichkeiten.

Einbezogen werden die unterschiedlichen quantitativen und qualitativen Leistungsfähigkeiten der Investitionsobjekte.

Gewinn = Erlöse - Kosten

Der Gewinn sollte stets größer als 0 sein. Die Investition mit dem höchsten Gewinn sollte bevorzugt werden.

Kritische Auslastung − Break-Even-Analyse

$$\frac{kritische\ Auslastung}{} = \frac{Gesamtfixkosten\ P2 - Gesamtfixkosten\ P1}{(variable\ Fixkosten\ P1 - variable\ Fixkosten\ P2) - (Preis\ P1 - Preis\ P2)}$$

$$Break - Even - Point = \frac{Gesamtfixkosten}{Stückdeckungsbeitrag}$$

$Stückdeckungsbeitrag = Erlöse - variable\ Kosten$

Rentabilitätsrechnung

Die Rentabilität gibt den prozentualen Anteil an, um den sich das durchschnittlich im Investitionsprojekt gebundene Kapital innerhalb einer Periode verzinst.

$$Rentabilität = \frac{\text{durchschnittlicher Gewinn}}{durchschnittlichen\ Kapitaleinsatz}$$

Das durchschnittlich gebundene Kapital berechnet sich aus der Summe von Anschaffungswert und Restwert geteilt durch zwei.

$$\text{Ø } Kapitaleinsatz = \frac{\text{Anschaffungskosten + Restwert}}{2}$$

Es handelt sich hier um eine statische Methode der Investitionsrechnung betrachtet werden daher nur Durchschnittswerte für eine einzige Periode. Darüber hinaus wird der absolute Gewinn nicht betrachtet und durch den Prozentwert nur die relative Vorteilhaftigkeit eines Projektes ermittelt.
Daher sollte die Rentabilitätsrechnung nur ergänzend durchgeführt werden, aber niemals alleinige Grundlage für eine Investitionsentscheidung sein.

Ersatzinvestition

Ersatzinvestition sind Investitionen, durch die bereits vorhandene Investitionsgüter durch Austausch ersetzt werden. Am häufigsten geht es dabei um die Erneuerung von Anlagen.

Hierbei wird zwischen Reinvestitionen und Erweiterungsinvestitionen unterschieden.

$$Rentabilität = \frac{\text{Minderkosten}}{durchschnittlichen\ Kapitaleinsatz\ neu}$$

Amortisationsrechnung

Bei der Amortisationsrechnung wird die Rückflussdauer einer Investition, also der Zeitraum, in dem sich die Anschaffungskosten aus den jährlichen Gewinnen und Abschreibungen der Investition refinanzieren, berechnet. Vorteilhaft ist eine Investition, die den schnellsten Mittelrückfluss gewährleistet.

Die Amortisationsrechnung nach der Durchschnittsmethode stellt auf den durchschnittlichen jährlichen Mittelrückfluss ab:

$$Amortistionsdauer = \frac{Kapitaleinsatz}{\emptyset\ R\ddot{u}ckfl\ddot{u}sse\ (Gewinn + kalk.\ Abschreibung)}$$

Die Amortisationsrechnung nach der Kumulationsmethode stellt nicht auf den durchschnittlichen jährlichen Rückfluss ab, sondern bezieht die jährlich unterschiedlichen Mittelrückflüsse ein.

Beispiel:

Eine Investition in Höhe von 100.000 Euro generiert über eine Laufzeit von 3 Jahren folgende Mittelrückflüsse:

Mittelrückfluss			
	Jahr 1	Jahr 2	Jahr 3
Mittel-rückfluss	60.000	40.000	20.000

In diesem Fall wäre der durchschnittliche Mittelrückfluss 40.000 Euro, welcher sich wie folgt errechnet:

$$40000 = \frac{60.000 + 40.000 + 20.000}{3}$$

Ersatzinvestitionsentscheidung

$$Amortisationsdauer = \frac{zus\ddot{a}tzlicher\ Kapitaleinsatz}{Kostenersparnis + zus\ddot{a}tzliche\ Abschreibungen}$$

Dynamische Investitionsrechnung

Die dynamische Investitionsrechnung – auch Mehrperiodenverfahren genannt – berücksichtigt alle Perioden, über die die Investition Auszahlungen und Einzahlungen generiert wird

Barwert

Der Barwert ist der Gegenwartswert von Zahlungen, der sich durch Abzinsung ergibt.

Er gibt an, welchen Wert eine oder mehrere während einer Betrachtungsperiode geleisteten Zahlung zu Beginn der Betrachtungsperiode hat.

Endwert

Der Endwert ist der Wert unter Berücksichtigung von Ein- und Auszahlungen ist der Wert, der sich durch Aufzinsung ergibt.

Er gibt an, welchen Wert eine oder mehrere während einer Betrachtungsperiode geleisteten Zahlung am Ende der Betrachtungsperiode aufweist.

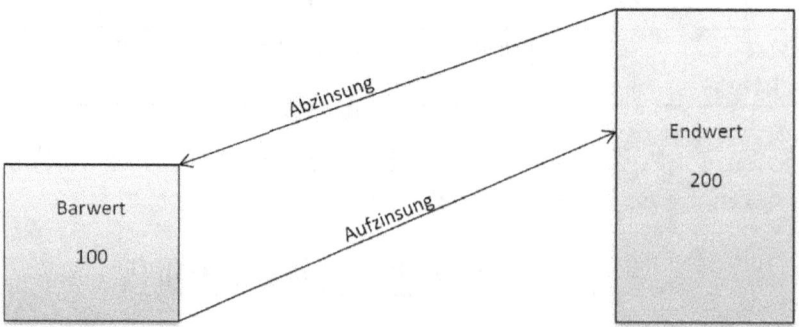

Zeichenerklärung:

K_0: Anfangswert; Barwert [EUR]

K_n: Endwert [EUR]

p: Zinssatz [%]

q = (1+p/100): Hilfsgröße

n: Laufzeit in Jahren

Einmalzahlungen

Aufzinsungsfaktor = q=(1+p)

Ein heute fälliger Betrag wird mit Zins und Zinseszins über n Jahre aufgezinst. Eine "Einmalzahlung jetzt" wird in eine "Einmalzahlung in x Jahren" umgerechnet.

Abzinsungsfaktor $= \dfrac{1}{q} = \dfrac{1}{(1+p)}$

Abzinsungsfaktoren   p = Zinssatz [% p. a.]   n = Laufzeit [a]

n \ p	3,0	4,0	5,0	6,0	7,0	8,0	9,0	10,0
1	0,970874	0,961538	0,952381	0,943396	0,934579	0,925926	0,917431	0,909091
2	0,942596	0,924556	0,907029	0,889996	0,873439	0,857339	0,841680	0,826446
3	0,915142	0,888996	0,863838	0,839619	0,816298	0,793832	0,772183	0,751315
4	0,888487	0,854804	0,822702	0,792094	0,762895	0,735030	0,708425	0,683013
5	0,862609	0,821927	0,783526	0,747258	0,712986	0,680583	0,649931	0,620921
6	0,837484	0,790315	0,746215	0,704961	0,666342	0,630170	0,596267	0,564474
7	0,813092	0,759918	0,710681	0,665057	0,622750	0,583490	0,547034	0,513158
8	0,789409	0,730690	0,676839	0,627412	0,582009	0,540269	0,501866	0,466507
9	0,766417	0,702587	0,644609	0,591898	0,543934	0,500249	0,460428	0,424098
10	0,744094	0,675564	0,613913	0,558395	0,508349	0,463193	0,422411	0,385543

Ein in x Jahren fälliger Betrag wird mit Zins und Zinseszins auf einen heute fälligen Betrag abgezinst. Eine "Einmalzahlung in x Jahren" wird in eine "Einmalzahlung jetzt" umgerechnet.

<u>Barwert einer einmaligen Zahlung</u>

$$K_0 = K_n \times \frac{1}{(1 + i)^n}$$

Rentenbarwertfaktor $= \dfrac{q-1}{q \times p}$

Rentenbarwertfaktornachschüssig $= \dfrac{q-1}{q \times p}$

Rentenbarwertfaktorvorschüssig $= q \times \dfrac{q-1}{q \times p}$

Annuitätenfaktor $= \dfrac{q \times p}{q-1}$

Der Annuitätenfaktor, auch Wiedergewinnungsfaktor genannt, dient der Umrechnung von Barwerten bestimmter Einzahlungen und Auszahlungen in jährlich gleichbleibende Beträge (Annuitäten).

Endwertfaktor $= \dfrac{q-1}{p}$

Der Endwertfaktor verwandelt eine Zahlungsreihe in "Einmalzahlung nach x Perioden".

Restwertverteilungsfaktor $= \dfrac{p}{q-1}$

Der Restwertverteilungsfaktor verteilt einen in x Jahren fälligen Betrag unter Berücksichtigung von Zins und Zinseszins in gleichmäßigen Beträgen R auf die Laufzeit von x Jahren. Eine "Einmalzahlung in x Jahren" wird in eine Zahlungsreihe umgerechnet.

Kapitalwertmethode

Kapitalwert $=$ Anschaffungkosten $+ \dfrac{Rückfluss\,T1}{q} + \dfrac{Rückfluss\,T2}{q^2} + \cdots$

Kriterium:

- Der Kapitalwert sollte größer bzw. gleich 0 sein.
- Stehen mehrere Alternativen zur Auswahl, so ist die mit dem höchsten Kapitalwert zu bevorzugen.

Ersatzproblem - sofortige Investition

Kapitalwert=*Restwerterlös + Kapitalwert Neuanschaffung x* $\dfrac{q}{q-1}$

Interne Zinsfußmethode

Die interne Zinsfuß-Methode ist eine dynamische Investitionsrechnung, die zwei Zinssätze miteinander vergleicht, den internen Zinsfuß r und den Kalkulationszinssatz i.

Lohnend ist eine Investition dann, wenn ihr interner Zinssatz mindestens so hoch ist wie der Kalkulationszinssatz des Investors. Der interne Zinsfuß (einer Investition oder Finanzierung ist derjenige Diskontierungszinssatz, bei dessen Anwendung der Kapitalwert der betreffenden Investition oder Finanzierung gerade gleich Null wird. Oder: Interner Zinsfuß ist der Zinsfuß, bei dem Auszahlungs- und Einzahlungsbarwerte einer Investition oder Finanzierung übereinstimmen.

$$\text{interner Zinsfuß (r)} = i_1 - C_1 * \frac{i_1 - i_2}{C_1 - C_2}$$

i=Versuchszinssätze C=Kapitalwertsätze

Annuitätenmethode

Die Annuitätenmethode dient dazu, einen finanzmathematischen durchschnittlichen jährlichen Überschuss zu ermitteln.

Während die Kapitalwertmethode einen <u>Total</u>erfolg bestimmt (wie viel Gewinn wird zusätzlich zur kalkulierten Verzinsung erreicht), wird bei der Annuitätenmethode dieser Erfolg <u>periodisiert</u>. Hierzu wird der barwertige Gewinn (also der Kapitalwert) rechnerisch mit Hilfe des Annuitätenfaktors gleichmäßig über den Investitionszeitraum verteilt:

Annuität oder finanzmathematischer, durchschnittlicher jährlicher Überschuss (DJÜ)

$$= C_0 \times \frac{q^n[q-1]}{q^n-1}$$

Ein positiver DJÜ bedeutet:

- der Investor gewinnt sein eingesetztes Kapital zurück
- er erhält eine Verzinsung in Höhe des Kalkulationszinssatzes, und
- er erhält darüber hinaus im Jahresdurchschnitt einen konstanten Überschuss (extra profit) in Höhe des DJÜ.

Umgekehrt erleidet der Investor bei einem negativen DJÜ - gemessen an der kalkulierten Verzinsung - einen Durchschnittsverlust je Rechnungsperiode in eben dieser Höhe.

Dynamische Amortisationsrechnung

Gegenstand der dynamischen Amortisationsrechnung - auch Pay-off-Methode genannt - ist die Bestimmung des Zeitpunkts, an dem das eingesetzte Kapital durch Einzahlungsüberschüsse zurückgewonnen wird.

Gesucht wird bei der dynamischen Amortisationsrechnung folglich die Periode, in der der Kapitalwert in Abhängigkeit der Zeit erstmalig gleich oder größer Null wird. Im Vergleich zur statischen Variante der Amortisationsrechnung werden bei der dynamischen Amortisationsrechnung Zinsen und Zinseszinseffekte berücksichtigt.

Formel:

$$I_0 = \sum_{t=1}^{n} RF_t$$

I_0= Investitionsausgabe in Periode 0

t = Periode

n= Anzahl aller Perioden

RF= Rückfluss

Kriterium:

Eine Investition ist dann von Vorteil, wenn die veranschlagte Amortisationsdauer unterschritten wird. Es sollte daher die Investition gewählt werden, welche die kürzeste Amortisationsdauer hat.

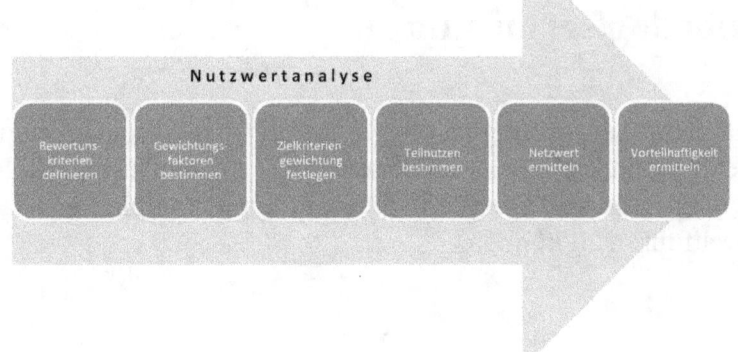

Personal

Der Personalbedarf ergibt sich aus den Zielen und den Aufgaben eines Unternehmens.

Der Personalbedarf klärt, wie viele Mitarbeiter mit welchen Qualifikationen zu welchem Zeitpunkt notwendig sind.

Personalbedarfsermittlung

Die Nutzwertanalyse, auch   Transitivitätskoeffizient genannt,
ist ein Bewertungsverfahren aus dem Bereich der Kostenrechnung mit dessen Hilfe nicht-monetäre Teilziele vergleichbar gemacht werden sollen, um so eine Entscheidung zwischen mehreren Alternativen treffen zu können.

Teilnutzwertberechnung $\qquad TN = Gf * Zf$

Gesamtnutzwertberechnung $\qquad GN = \sum TN$

Personalbedarfsermittlung

Die Personalbedarfsermittlung ist die Festlegung des Arbeitskräftepotenzials, welches ein Unternehmen derzeit bzw. zu einem zukünftigen Zeitpunkt Quantitativ und Qualitativ benötigt, um die geplanten Maßnahmen durchführen zu können.

	Einsatzbedarf
+	Zusätzlicher Bedarf
+	Reservebedarf
+	Ersatzbedarf
-	Freistellungsbedarf
=	**Soll-Personalbestand (Bruttopersonalbedarf)**
-	Personal zum Anfangszeitpunkt
+	Personalabgänge während des Zeitraums
=	**Netto-Personalbedarf**

$$Personalbedarf = \frac{Arbeitsmenge}{\text{Leistungsfähigkeit/Mitarbeiter}}$$

oder

$$= \frac{Arbeismenge \; x \; Zeit \; pro \; Arbeitsvorgang}{\text{übliche Arbeitszeit pro Mitarbeiter}}$$

Lohnformen

Zeitlohn

Grundlage bei dieser Entlohnungsform ist die Arbeitszeit. Es wird ein Lohnsatz pro Zeiteinheit gezahlt. In der Praxis bedeutsam sind:

- Stundenlohn für Arbeiter
- Monatslohn (Höhe berücksichtigt aber die Arbeitstage pro Monat) für Arbeiter

- Monatslohn (Gehalt) der Angestellten. Die Arbeitstage haben keinen Einfluss auf die Höhe.

Bei einem Zeitlohn besteht in der Regel kein unmittelbarer Leistungsbezug.

Formel:

Zeitlohn = Lohn pro Zeiteinheit x Anzahl der Zeiteinheiten

Akkordlohn

Beim Akkordlohn bestimmt die erbrachte Menge die Höhe des Lohnes. Es besteht damit ein unmittelbarer Leistungsbezug.

Die Anwendbarkeit der Akkordentlohnung ist an folgende Voraussetzungen gebunden:

- Die Arbeitskraft muss die Leistungsmenge unmittelbar beeinflussen können.
- Der Ablauf der Arbeit ist bekannt, gleichartig und regelmäßig wiederkehrend. Die Arbeitszeit und die Arbeitsergebnisse sind leicht und genau messbar. Man spricht auch von der Akkordfähigkeit der Arbeit.
- Der Arbeitsablauf darf keine Mängel aufweisen und muss nach entsprechender Übung und Einarbeitungszeit sicher beherrschbar sein. Man spricht auch von der Akkordreife der Arbeit.

Zeitakkordlohn

Zeitakkord = Leistungsmenge x Vorgabezeit x Minutenfaktor

Minutenfaktor = Akkordrichtsatz / 60

Akkordrichtsatz = tariflicher Mindestlohn + Akkordzuschlag

Stückakkordlohn

Stückakkord = Stück je Stunde x Geldfaktor

Geldfaktor = Akkordrichtsatz + vorgegebene Stückzahl

Akkordsatz = $\dfrac{\text{Akkordrichtsatz in Euro je Stunde}}{\text{Normalleistung je Stunde}}$

Prämienlohn

Der Prämienlohn ist eine erfolgsabhängige Entlohnungsform, bei der für Leistungen, die über der Vorgabe liegen, Zusatzentgelte bezahlt werden.

Der Prämienlohn besteht damit aus einem leistungsunabhängigen Teil (Grundlohn) und einem leistungsabhängigen Teil (Prämie).

Prämienlohn = Grundlohn + Prämie

Kennzahlen des Personalcontrollings

Das Personalcontrolling ist eine Spezialisierungsrichtung des Controllings. Es unterscheidet sich vom allgemeinen Controlling durch die Spezialisierung seiner Aufgaben wie Steuerung und Koordination der Informationsflüsse im Personalbereich, Vorbereitung von personalrelevanten Entscheidungen durch die Analyse der gegebenen Informationen von und über die Mitarbeiter und Kontrolle der Durchführung der Entscheidungen, die der Personalcontroller zur Unterstützung des Personalmanagements ausführt.

$$\textit{Cash Flow je Mitarbeiter} = \frac{\text{Cashflow}}{\varnothing \text{ Beschäftigte}}$$

$$Fehlzeitenquote = \frac{Fehlzeiten}{Sollarbeitszeit} \; x \; 100$$

$$Fluktationsquote = \frac{Anzahl \; der \; Austritte \; pro \; Jahr}{\text{Ø Beschäftigte}} \; x \; 100$$

$$Umsatz \; je \; Mitarbeiter = \frac{Umsatz}{\text{Ø Beschäftigte}}$$

$$Krankenstandsquote = \frac{Krankheitstage \; (Jahr)}{Sollarbeitszeit \; (Jahr)} \; x \; 100$$

$$Personalkosten \; je \; Mitarbeiter = \frac{Personalkosten}{\text{Ø Beschäftigte}}$$

$$Personalaufwandsquote = \frac{Personalaufwand}{Umsatz} \; x \; 100$$

$$Personalintensität = \frac{Personalaufwand}{Gesamtaufwendungen} \; x \; 100$$

$$Überstundenquote = \frac{Überstunden}{Normale \; Arbeitszeit} \; x \; 100$$

Kennzahlen der Personalbeschaffung

$$Attraktivität \; des \; Ausbildungsplatzes = \frac{Anzahl \; Bewerber}{Ausbildungsplätze}$$

$$Auswahl - Beschaffungskosten = \frac{Akquisitationskosten}{Anzahl \; Eintritte}$$

$$Bewerbungen \; je \; Beschaffungsweg = \frac{Bewerbungen}{Beschaffungsweg}$$

$$Einstellungsquote = \frac{\text{Arbeitsverträge neu}}{\text{Bewerberanzahl}} \; x \; 100$$

$$Frühflukationsrate = \frac{\text{gelöste Arbeitsverträge in der Probe}}{\text{Anzahl Neueinstellungen}}$$

$$Personaldeckungsgrad = \frac{\text{Einstellungen}}{\text{Anzahl benötigter Beschäftigte}} \; x100$$

$$Interne \; Stellenbesetzung = \frac{\text{Stellenbesetzung aus dem Haus}}{\text{Stellenbesetzungen ges.}}$$

Produktivität der Personalbeschaffung
$$= \frac{\text{Bewerbungen (Vorstellungen/Einstellungen)}}{\text{Mitarbeiter der Beschaffung}}$$

$$Vorstellungsquote = \frac{\text{Vorstellungsgespräche}}{\text{Bewerberanzahl}} \; x \; 100$$

Glossar

A

Anderskosten:

Anderskosten sind Kosten, denen in der Geschäftsbuchführung ein Aufwand gegenübersteht, der für die Kalkulation aber anders bewertet wird. Dazu zählen kalkulatorische Abschreibungen, kalkulatorische Wagnisse, kalkulatorische Zinsen und kalkulatorische Miete, wenn sie in der Kosten-Leistungs-Rechnung anders als in der Gewinn- und Verlust-Rechnung bewertet werden.

Annuität

Die Annuität ist der durchschnittlicher erzielte Gewinn einer Investition in einem Unternehmen.

Aufwand/Aufwendungen

Unter Aufwand versteht man den Verbrauch aller Güter und Dienstleistungen in einer bestimmten Periode.
Aufwand ist ein Begriff der Finanzbuchführung. Kosten ist ein Begriff der Kalkulation.

Außerordentlicher Aufwand

Außerordentliche Aufwendungen sind Aufwendungen, die außerhalb der gewöhnlichen Geschäftstätigkeiten oder in außergewöhnlicher Höhe anfallen. Beispiele hierfür sind hohe Verluste aus dem Verkauf von Immobilien oder Kosten, die durch Schäden entstehen.

Betriebsfremder Aufwand

Betriebsfremder Aufwand ist Aufwand, der unabhängig von der betrieblichen Tätigkeit erbracht wird, der unabhängig vom Betriebszweck ist. Beispiele für betriebsfremde Aufwendungen in einem Industriebetrieb sind Abschreibungen auf Finanzanlagen oder Aufwendungen für Personal, das die Finanzgeschäfte betreibt.
Betriebsfremde Aufwendungen sind z.B.

- Zinsaufwendungen

- Abschreibungen auf Finanzanlagen.
Die gesetzlich vorgeschriebene Abschreibung ist betriebsfremder Aufwand. In der Abgrenzungsrechnung wird sie als kosten- und leistungsrechnerische Korrektur gegen die kalkulatorische Abschreibung verrechnet.

- Verluste aus dem Abgang von Finanzanlagen

- Verluste aus dem Abgang von Wertpapieren (des Umlaufsvermögens)

- Gewerbesteuer

- Versicherungen

- außerordentliche Aufwendungen (Selbstbeteiligung an Kfz-Versicherung)

Periodenfremder Aufwand
Periodenfremde Aufwendungen sind Aufwendungen, die von Aktivitäten vorausgehender Perioden verursacht wurden. Beispiele für periodenfremde Aufwendungen sind Nachzahlungen für Gewerbesteuer, Prozesskosten.

Ausgaben
Ausgaben sind der Abfluss liquider Mittel plus Forderungsabgänge und Schuldenzugänge.

B

Barwert

Bei dem Barwert handelt es sich um einen Gegenwartswert einer zukünftigen Zahlung

Betriebsabrechnungsbogen (BAB)
Der Betriebsabrechnungsbogen (BAB) sammelt die Kosten (Gemeinkosten der Kostenartenrechnung) und verteilt sie auf die im Betrieb

vorhandenen Kostenstellen (Abteilungen). Im Betriebsabrechnungsbogen werden die Gemeinkosten der Kosten- und Leistungsrechnung entweder nur auf die Hauptkostenstellen verteilt (einstufiger BAB) oder auf die Hauptkostenstellen sowie zusätzlich auf die allgemeinen Kostenstellen (mehrstufiger BAB)

Die wichtigsten Aufgaben des BAB sind:
Ermittlung der Kosten jeder Kostenstelle (absolut und prozentual), Vergleich der Kosten jeder Kostenstelle im Zeitablauf (Kostenkontrolle), Grundlage für die Berechnung von Handlungskostenzuschlägen für die einzelnen Kostenträger (Kostenträgerrechnung).

Betriebsergebnis

Das Betriebsergebnis ist die Differenz zwischen Kosten und Leistungen, es wird durch die Kosten- und Leistungsrechnung ermittelt.

Betriebsfremder Aufwand: siehe Aufwand

Betriebsfremder Ertrag: siehe Ertrag

Bezugskalkulation

Bei der Bezugskalkulation (Einkaufskalkulation) wird unter Berücksichtigung von Tara, Gutgewicht, Rabatt, Skonto, Einkaufskosten und Bezugskosten der Bezugspreis (Einstandspreis, Wareneinsatz) ermittelt.

Bezugsrecht

Hierbei handelt es sich um ein gesetzlich verbrieftes Recht eines Aktionärs auf den Bezug von Neuaktien, welches bei einer regulären Kapitalerhöhung von Bedeutung ist.

BAB, einstufig (einfacher BAB)

Beim einstufigen BAB werden die Gemeinkosten nur auf Hauptkostenstellen (wie z.B. Fertigung, Material, Verwaltung und Vertrieb) verteilt.

Bilanz

Die Bilanz ist eine Gegenüberstellung des Vermögens (Aktiva) und des Kapitals (Passiva).

Break-Even-Menge

Als Break-Even-Menge bezeichnet man den kritischen Wert am Übergang von der Gewinn- in die Verlustzone. Bei dieser ist der Wert gleich Null.

Break-Even-Point

Er ist erreicht, wenn die Fixkosten durch den anhand von Verkäufen erzielten Deckungsbeitrag decken.

C

Cash-Flow

Der Cashflow beziffert den Überschuss, der sich ergibt, wenn man von den Einnahmen die Ausgaben abzieht. Er lässt erkennen, in welchem Maße ein Unternehmen Finanzmittel aus eigener Kraft erwirtschaftet hat. Dies Kennzahl zeigt, wie stark das Unternehmen sich von innen heraus finanzieren kann (Innenfinanzierung), wie groß also das finanzielle Potenzial ist, das aus seiner erfolgreichen Tätigkeit in der Wirtschaft wächst

D

Barwert

Debitorenlaufzeit

Die Debitorenlaufzeit wird aus dem durchschnittlichen Forderungsbestand und dem Zeitraum ermittelt, der zwischen der Rechnungs-erstellung und dem Zahlungseingang liegt. Es wird also bestimmt, wie lange es im Durchschnitt dauert, bis die Kunden (Debitoren) ihre Rechnung bezahlen.

Deckungsbeitrag

Deckungsbeitrag ist der Betrag, um den die Verkaufserlöse einer Warengruppe (Artikelgruppe) die variablen Kosten der Warengruppe übersteigen. Dieser Betrag dient der Deckung der fixen Kosten. Deckungsbeitrag = Verkaufserlöse - variable Kosten.

Das Rechnen mit Deckungsbeiträgen dient als Entscheidungshilfe bei der Sortimentsgestaltung (Sortimentsbereinigung) und liefert die Daten für die kurzfristige (absolute) Preisuntergrenze (hier sind gerade noch die variablen Kosten gedeckt).

Deckungsbeitragsrechnung

Die Kostenträgerrechnung kann auch als Teilkostenrechnung (Deckungsbeitragsrechnung) durchgeführt werden. Die Deckungsbeitragsrechnung (Teilkostenrechnung) geht aus von der Einteilung der Kosten in variable (beschäftigungsabhängige) und fixe (beschäftigungsunabhängige) Kosten. Die variablen Kosten setzen sich zusammen aus den Einzelkosten (z.B. Einkaufspreis, Bezugskosten, Ausgangsfrachten) und den variablen Gemeinkosten (z.B. Lagerkosten, Transportkosten).

Differenzkalkulation

Mit der Differenzkalkulation (Gewinnkalkulation) ermittelt man den Gewinn bei gegebenem Verkaufspreis und gegebenen Zuschlagssätzen (Nachkalkulation mit Istzuschlägen). Vom Fertigungsmaterial bis zu den Selbstkosten wird vom Hundert vorwärts gerechnet. Vom Listenverkaufspreis bis zum Barverkaufspreis wird vom Hundert rückwärts gerechnet.

E

EBIT = Earnings before interest and taxes.

Hierbei handelt es sich um das Ergebnis vor Steuern und Zinsen. Diese Kennzahl zeigt das Betriebsergebnis unabhängig von regionalen Besteuerungen und unterschiedlichen Finanzierungsformen an. Dadurch kann diese Kennzahl zum internationalen Vergleich von Unternehmen herangezogen werden.

EBITDA

Durch EBITDA Earnings before interests, taxes, depreciation and amortisation (Ergebnis vor Zinsen, Steuern, und Abschreibungen auf Sachanlagen und immaterielle Vermögengegenstände) wird das Betriebsergebnis ohne Verzerrungen dargestellt.

Effektivzins

Es ist die Bezeichnung für den Zinssatz, der die tatsächlichen (jährlichen) Kosten eines Kredits ausdrückt.

Eigenkapitalquote

Die Eigenkapitalquote gibt an, wie hoch der Anteil des Eigenkapitals am Gesamtkapital ist. Je höher die Eigenkapitalquote, umso höher ist die finanzielle Stabilität des Unternehmens und die Unabhängigkeit gegenüber Fremdkapitalgebern. Banken bewerten daher die Bonität eines Unternehmens bei hoher Eigenkapitalquote höher.

Einnahmen

Einnahmen sind der Zufluss von liquiden Mitteln plus Forderungszugänge und Schuldenabgänge.

Einzelkosten

Die Einzelkosten lassen sich schon bei der Erfassung unmittelbar einem bestimmten Erzeugnis (Kostenträger) zuordnen, z.B. Fertigungsmaterial.

Ertrag

Unter Ertrag versteht man (überwiegend) das Ergebnis der betrieblichen Leistungserstellung, d. h. alle erfolgswirksamen Wertzuflüsse in ein Unternehmen während einer Abrechnungsperiode.

Erträge, unternehmensbezogen

Unternehmensbezogene Erträge haben mit der betrieblichen Tätigkeit unmittelbar nichts zu tun; sie müssen von den betrieblichen Erträgen abgegrenzt werden. Beispiele für unternehmensbezogene Erträge sind: Mieterträge, Erträge aus anderen Finanzanlagen, Zinserträge, Erträge aus Wertpapieren des Umlaufsvermögen, außerordentliche Erträge.

Ertrag, betriebsfremd

Betriebsfremder Ertrag ist Ertrag, der unabhängig von der betrieblichen Tätigkeit erbracht wird, der unabhängig vom Betriebszweck ist. Beispiele für betriebsfremde Erträge in einem Industriebetrieb sind

- Mieterträge (Nebenerlöse aus Vermietung/ Verpachtung

- Zinserträge

- Erträge aus Wertpapieren (des Umlaufsvermögen)

- Erträge aus dem Abgang von Gegenständen des Anlagenvermögens

- außerordentliche Erträge.

F

Fixe Kosten

Fixe Kosten sind von der Ausbringungsmenge unabhängig, d.h. sie bleiben bei Produktionsschwankungen über längere Zeit hinweg konstant (z.B. vertraglich festgelegte Mieten und Gehälter, Abschreibungen auf Geschäftseinrichtungen).

G

Gemeinkosten

Die Gemeinkosten können nicht unmittelbar einem Kostenträger belastet werden, da sie für den gesamten Betrieb entstehen. Beispiele sind allgemeine Verwaltungskosten, Abschreibungen, Mieten, Versicherungen, Energiekosten. Die Umlage der Gemeinkosten auf die einzelnen Kostenträger erfolgt mit Hilfe der Gemeinkostenzuschlagssätze.

Gewichtsspesen
Zu den Gewichtsspesen gehören Kosten, die sich auf das Gewicht einer Ware beziehen, z.B. Fracht, Rollgeld und Verladekosten.

GuV
Gewinn und Verlust

GuV-Konto
Das GuV-Konto ist ein Unterkonto des Eigenkapitalkontos.

H

Handelsspanne
Die Handelsspanne ist die Differenz zwischen dem Listenverkaufspreis und dem Bezugspreis in Prozent zum Listenverkaufspreis:
(Listenverkaufspreis - Bezugspreis) * 100 / Listenverkaufspreis.

Handlungskosten
Handlungskosten sind die gesamten Stückgemeinkosten einer Periode. Sie umfassen vor allem die Betriebsbereitschaftskosten wie Personal-, Raum- und Werbungskosten und Abschreibungen. Sie sind also fixe Kosten.

Herstellkosten

Herstellkosten sind die im Zusammenhang mit der Produktion eines Gutes anfallenden Kosten. Herstellkosten sind die Summe aus Material- und Fertigungskosten.

Herstellungskosten

Herstellungskosten sind die Aufwendungen, die durch den Verbrauch von Gütern und die Inanspruchnahme von Diensten für die Herstellung eines Vermögensgegenstands, seine Erweiterung oder für eine über seinen ursprünglichen Zustand hinausgehende wesentliche Verbesserung entstehen. Dazu gehören die Materialkosten, die Fertigungskosten und die Sonderkosten der Fertigung.

Hilfskostenstelle

Hilfskostenstellen sind Bereiche, in denen Leistungen für sämtliche oder zumindest mehrere Unternehmensbereiche erbracht werden. Beispiele sind Empfang, Sozialräume, wie Kantine, oder Leasingfahrzeuge. Sie dienen nur mittelbar dem Herstellung oder dem Verkauf von Erzeugnissen.

I

Interner Zinsfuß

Der interne Zinsfuß bezeichnet den Zinssatz, der beim Abzinsen der Überschüsse zu einem Kapitalwert von Null führt.

K

Kalkulationsfaktor

Der Kalkulationsfaktor ist das Verhältnis des Listenverkaufspreises zum Bezugspreis: Listenverkaufspreis/Bezugspreis

Kalkulationszuschlag

Der Kalkulationszuschlag ist die Differenz zwischen dem Listenverkaufspreis und dem Bezugspreis in Prozent zum Bezugspreis: (Listenverkaufspreis - Bezugspreis) * 100 / Bezugspreis.

Kalkulatorische Kosten

Kalkulatorische Kosten sind Kosten, welche neben den Grundkosten(der Geschäftsbuchführung) in der Kalkulation als Zusatzkosten und Anderskosten verrechnet werden. Durch die Berücksichtigung dieser Kosten wird die Kalkulation genauer.

Kalkulatorische Zinsen

Die kalkulatorische Zinsen werden vom betriebsnotwendigen Kapital (betriebsnotwendiges Eigen- und Fremdkapital) berechnet; es handelt sich hierbei um das Kapital, das zur Erreichung der Betriebsziele notwendig ist.

Kalkulatorische Abschreibung

Die kalkulatorische Abschreibung berücksichtigt die tatsächliche Wertminderung; sie findet Anwendung in der Kosten- und Leistungsrechnung. Um die betriebliche Substanz zu erhalten, kann von den (höheren) Wiederbeschaffungskosten abgeschrieben werden.

Kapitalwert

Ist die Summe aller Erträge, die nach einem bestimmten Zeitpunkt anfallen und auf diesen Zeitpunkt hin diskontiert werden.

Kosten

Kosten sind die Werte der Güter und Dienstleistungen, die bei der betrieblichen Tätigkeit verbraucht werden. Die Kostenbegriff umfasst:
- Verbrauch von Gütern,
- Bewertung dieses Verbrauchs in Geld,
- Leistungsbezogenheit.

Kostenarten

Kosten werden in der Kostenartenrechnung danach unterschieden, welche Art von Kostengütern ihnen zugrunde liegt. So unterscheidet man Material-, Personal-, Dienstleistungs- und Anlagekosten, Steuern, Mieten und kalkulatorische Kosten.

Kostenartenrechnung

Aufgabe der Kostenartenrechnung ist es, sämtliche Kosten, die in einem Betrieb während einer Abrechnungsperiode angefallen sind, zu erfassen. Sie berücksichtigt ausschließlich primäre Kosten.

Kostenstellen

Kostenstellen sind abgegrenzte, betriebliche Verantwortungsbereiche, für welche die Belastung mit Gemeinkosten gesondert ermittelt werden kann, um sie den Kostenträgern zurechnen zu können. Die Bildung von Kostenstellen erfolgt nach organisatorischen, funktionellen oder räumlichen Gesichtspunkten.

Kostenstellenrechnung

Die Kostenstellenrechnung ermittelt, welche Kosten für die einzelnen Teilbereiche eines Unternehmens innerhalb einer Abrechnungsperiode anfallen.

Kostenträger

Kostenträger sind die Leistungseinheiten eines Betriebes wie z.B. Erzeugnisse, Erzeugnisgruppen und Aufträge.

Kostenträgerblatt (BAB II)

Im Kostenträgerblatt (BAB II) wird der Anteil der verschiedenen Erzeugnisse an den Gesamtkosten und am Umsatzergebnis eines Abrechnungszeitraums errechnet. Das Kostenträgerblatt kann auf Ist- und Normalkostenbasis aufgestellt werden. Für die Rechnung mit Normalkosten gilt:

Betriebsergebnis = Umsatzergebnis + Überdeckung (aus dem BAB)
Betriebsergebnis = Umsatzergebnis - Unterdeckung (aus dem BAB).

Kostenträgerrechnung

Die Kostenträgerrechnung baut auf der Kostenarten- und Kostenstellenrechnung auf und dient der Ermittlung der Gesamtkosten für jeden Kostenträger in einer Abrechnungsperiode (Kostenträgerzeitrechnung) oder der Ermittlung der Stückkosten für jeden Kostenträger (Kostenträgerstückrechnung).

Kostenträgerstückrechnung

Die Kostenträgerstückrechnung ermittelt die Selbstkosten und den Verkaufspreis eines Erzeugnisses bzw. eines Auftrages (Kostenträger).

Kreditorenlaufzeit

Ist der Zeitraum, der zwischen dem Rechnungseingang und der Bezahlung liegt.

L

Lagerdauer

Ist die Zeit, die eine Ware oder ein Material von der Einlagerung bis zur Entnahme durchschnittlich im Lager bleibt.

Leistungen

Leistungen sind der betrieblich bedingte Wertezuwachs in einem Unternehmen während einer Abrechnungsperiode. Leistungen des Industriebetriebes sind: Absatzleistungen (Umsatzerlöse), Lagerleistungen (Mehrbestände), aktivierte Eigenleistungen (selbst erstellte Anlagen).

Leverage-Effekt

Der Leverage bezeichnet die Abhängigkeit der Rentabilität des Eigenkapitals vom Anteil der Fremdfinanzierung.

Liquidität

Liquidität ist die Ausstattung an Zahlungsmitteln, die für Investitions- und Konsumauszahlungen und zur Befriedigung von Zahlungsverpflichtungen zur Verfügung stehen.

Es ist die Fähigkeit und Bereitschaft eines Unternehmens, seinen bestehenden Zahlungsverpflichtungen termingerecht und betragsgenau nachzukommen.

Liquiditätsgrade

Liquiditätsgrade messen die statische, zeitpunktbezogene Liquidität und sollen als Kennzahlen darüber Aufschluss geben, ob das Unternehmen liquide ist oder ob Zahlungsschwierigkeiten zu erwarten sind.

Je nach in die Betrachtung einbezogenen liquiditätsnahen Bilanzposten unterscheidet man die Liquiditätskennzahlen:

Liquidität 1. Grades (Barliquidität, cash ratio),

Liquidität 2. Grades (einzugsbedingte Liquidität, quick ratio)

Liquidität 3. Grades (umsatzbedingte Liquidität, current ratio).

M

Mischkosten
Mischkosten sind Kosten, die aus fixen Kosten und variablen Bestandteilen bestehen. Beispiele sind Wartungs- und Instandhaltungskosten.

N

Nachkalkulation
Am Ende des Abrechnungszeitraumes wird überprüft, in welchem Umfang die Normalgemeinkosten von den Ist-Gemeinkosten abweichen (Nachkalkulation)

Nettogeldvermögen
Das Nettogeldvermögen ist die Summe der liquiden Mittel plus Forderungen minus Schulden.

P

Periodenfremder Aufwand: siehe Aufwand

Primäre Kosten
Primäre Kosten sind der bewertete Verzehr von Gütern und Dienstleistungen, die ein Unternehmen von außen bezieht.

Preisuntergrenze
Die kurzfristige Preisuntergrenze ergibt sich aus den variablen Kosten der Produktion des Produkts dividiert durch die verkaufte Stückzahl.

R

Rentabilität
Ist das Verhältnis einer Erfolgsgröße zum eingesetzten Kapital einer Rechnungsperiode. Beide Größen können zahlungs- und bilanzorientiert gemessen werden.

Return on Investment (ROI)

Der Return on Investment (ROI) ist eine Kennzahl, die das Verhältnis zwischen Gewinn und investiertem Kapital angibt.

Rückwärtskalkulation

Mit Hilfe der Rückwärtskalkulation wird bei gegebenem Verkaufspreis das aufwendbare Fertigungsmaterial oder die aufwendbaren Fertigungslöhne bestimmt. Bis zum Barverkaufspreis wird rückwärts vom Hundert, von da ab bis zu den Herstellkosten auf Hundert gerechnet. Von den Materialkosten (Herstellkosten - Fertigungskosten) wird das Fertigungsmaterial auf Hundert ermittelt.

S

Sekundäre Kosten

Sekundäre Kosten sind der bewertete Verzehr von eigenen selbsterstellten Leistungen.

Selbstkosten

Die Selbstkosten bestehen aus den Herstellungskosten (Materialkosten + Fertigungskosten) und den Verwaltungsgemeinkosten.

Stückkosten:
Stückkosten sind die auf eine Leistungseinheit entfallenden Kosten.

U

Überdeckung
Sind die Normalgemeinkosten größer als die Ist-Gemeinkosten, so liegt eine Überdeckung vor.

Umlaufvermögen
Unter Umlaufvermögen versteht man die Vermögensteile einer Firma,

die sich in Menge und Zusammensetzung ständig ändern, wie z.B. Roh-, Hilfs- und Betriebsstoffe, Fertige Erzeugnisse, Handelswaren und Bargeld, Bankguthaben und Forderungen.

Unterdeckung

Sind die Normalgemeinkosten kleiner als die Ist-Gemeinkosten, so liegt eine Unterdeckung vor.

V

Variable Kosten

Variable Kosten sind Kosten, die sich mit der Menge der Produkte oder Dienstleistungen verändern, sie sind abhängig vom Beschäftigungsgrad. Sie sinken oder steigen mit ab- bzw. zunehmender Erzeugnismenge (z.B. Material- und Lohnkosten).

Verteilerschlüssel

Der Verteilerschlüssel legt fest, in welchem Verhältnis Kosten auf mehrere Kostenstellen verteilt werden.

Verschuldungsgrad

Der Verschuldungsgrad zeigt die Relation von Eigenkapital zu Fremdkapital an und gibt damit Auskunft über die Finanzierungsstruktur.

Vollkostenrechnung

Die Kostenträgerrechnung kann als Vollkostenrechnung durchgeführt werden, d.h. die Gemeinkosten (Handlungskosten) werden in voller Höhe (fixe und variable Gemeinkosten) mit Hilfe des Handlungskostenzuschlagssatzes den Einstandspreisen der Waren zugerechnet. Die Vollkostenrechnung stellt sicher, dass durch den kalkulierten Verkaufspreis alle Kosten gedeckt sind. Die Vollkostenrechnung wird je nach Zielsetzung durchgeführt als Vorwärts-, Rückwärts- oder Differenzkalkulation.

Vorwärtskalkulation

Mit Hilfe der Vorwärtskalkulation wird der Verkaufspreis ermittelt (Vorkalkulation mit Normalzuschlägen). Bis zum Barverkaufspreis wird vom Hundert, von da ab im Hundert gerechnet.

W

Wertspesen

Wertspesen sind Kosten, die für eine Ware bzgl. ihres Einkaufspreises anfallen, beispielsweise Transportversicherung, Verpackungskosten und Wertzölle.

Working Capital

Das Working Capital ergibt sich aus der Differenz von Umlaufvermögen und kurzfristigen Verbindlichkeiten.

Z

Zusatzkosten

Zusatzkosten sind Kosten, denen in der Geschäftsbuchführung kein Aufwand (keine Ausgabe) gegenübersteht. Dazu zählen kalkulatorischer Unternehmerlohn (Wertansatz für die Unternehmertätigkeit in Einzelunternehmen und Personengesellschaften), kalkulatorische Miete (Wertansatz für die von Unternehmer zur Verfügung gestellten Räumlichkeiten) und kalkulatorische Eigenkapitalzinsen (Wertansatz für das bereitgestellte Eigenkapital).

Zuschlagskalkulation

Die Zuschlagskalkulation ist eine Netto-Kalkulation der Stückkosten. Dabei werden alle anfallenden Kosten ohne Umsatzsteuer dem jeweiligen Produkt zugeordnet. Der kalkulierte Nettopreis wird am Schluss mit dem Umsatzsteuerfaktor (1,19 bzw. 1,07) multipliziert.

www.ingramcontent.com/pod-product-compliance
Lightning Source LLC
Chambersburg PA
CBHW080257180526
45167CB00006B/2566